어린이교육의 기본 바로 알기 시리즈 ③

유아 평가 바로 알기

심성경 · 함은숙 · 변길희 · 박수경

대한어린이교육협회 창지사

머리말

매년 3월이 다 가기도 전에 …… 아이들의 변화된 모습은 교사에게 작은 감동들을 안겨주면서 마치 요술처럼 교사의 힘겨움을 행복으로 바꾸어주곤 합니다. 특히 처음 유치원에 와 약간은 긴장되고 움추려 있던, 더러는 엄마를 떨어지기 힘들어 눈물까지 보이던 안쓰러운 모습은 간데 없고 …… 어느새 신나게 교실 곳곳에서 놀이하느라 분주한 모습의 아이들을 마주하게 되면 교사는 문득 행복합니다.

아이들은 도와주지 않아도 자기 이름을 찾아 신발장에 신발을 정리하고 울음이 아니라 말로 자기의 문제와 요구를 해결할 수 있게 됩니다. 주말을 지내고 온 이야기를 더 근사하게 글로 그림으로 표현하게 되고 친구들의 이름도 다 알게 되며 규칙을 지켜 놀이감을 나누어 쓰고 양보하는 것까지도 할 줄 알게 됩니다. 자전거 타기 대장이 되며 선생님과 부모님, 친구들, 또는 즐겨 읽는 동화책의 저자에게 마음을 담아 편지도 쓸 수도 있고 친구들과 멋진 동극도, 악기연주도 할 수 있게 됩니다. 호기심으로 두 눈을 반짝이며 올챙이가 어떻게 개구리가 되는지 탐구해 나갈 수도 있게 됩니다.

아이들의 이런 의미있는 변화에 대해 좀 더 포괄적으로 체계적인 정보를 얻으려는 노력이 유아평가라 할 수 있습니다. 효율적인 유아 평가는 교수-학습의 계획과 반성을 위한 정보를 제공하여 궁극적으로는 교육의 질을 높인다는 점에서 매우 가치있는 작업입니다.

이 책에서는 유아 평가에 대한 고민을 함께 나누어 보려합니다. 유아교육은 다양한 활동을 중심으로 한 통합적 교육과정 접근이라는, 교과중심의 초중등교육과정과는 차별화된 특성을 갖고 있습니다. 따라서 교과서 중심의 교육과 시험 중심의 평가가 이루어지는 초중등교육과는 달리 교수-학습 활동 속에서 이루어지는 수행 중심의 평가, 관찰 중심의 평가를 당연한 특징으로 하게 됩니다. 과정 중심의 다양한 교수-학습 상황에서의 지속적인 평가가 요구되므로 교사에게 유아 평가는 매우 부담스러운 일이며 자칫, 학습에 지장을 줄 수도 있는 어려운 작업이라 하겠습니다. 그러나 그런 어려움에도 불구하고 유아 평가는 교사가 수행해야 할 기본적인 임무이며 최근에는 국가 수준의 평가로 인해 효율적인 유아 평가의 수행 능력이 유아 교사의 필수적인 자질로 요구되기에 이르렀습니다.

이 책의 저자들은 이러한 요구에 대한 교사의 어려움을 덜어주기 위해 유아 평가의 구체적인 지침과 도구 및 방법들을 소개하고자 하였습니다. 특히 교육과정과 연계된, 유아의 연령에 따른 차이를 고려한 평가 방법에 초점을 두었으며 실제 수년에 걸친 현장 적용의 경험을 토대로 정리한 것이므로 활용에 있어 무리가 없을 것이라 믿습니다. 이 책이 나오기 까지 협조를 아끼지 않은 원광대학교 사범대학 부속유치원의 선생님들에게 깊은 감사를 전하며 …… 부디, 충실한 유아 평가를 위해 노력하는 교사들에게 이 책이 도움이 될 수 있기를 소망합니다.

2012년 5월

저자 일동

차 례

I. 유아 평가 바로 알기

1. 유아 평가의 의미

유아 평가는 유아의 발달 및 학습 상의 변화에 대한 정보를 수집, 분석하는 것으로 교육과정의 계획 및 실행, 개선을 위한 정보를 제공한다. 따라서 효율적인 유아 평가자로서의 역할수행 능력은 교사가 갖추어야 할 기본적인 역량 중 하나이다. 그러나 교육현장에서의 유아평가는 국가수준 평가 등에 의해 강요되어지는 과도한 업무라는 인식도 있다.

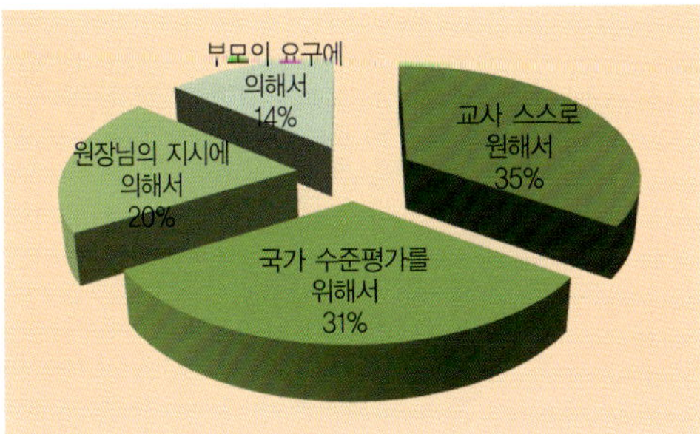

유아 평가를 실시한 동기는 무엇입니까?

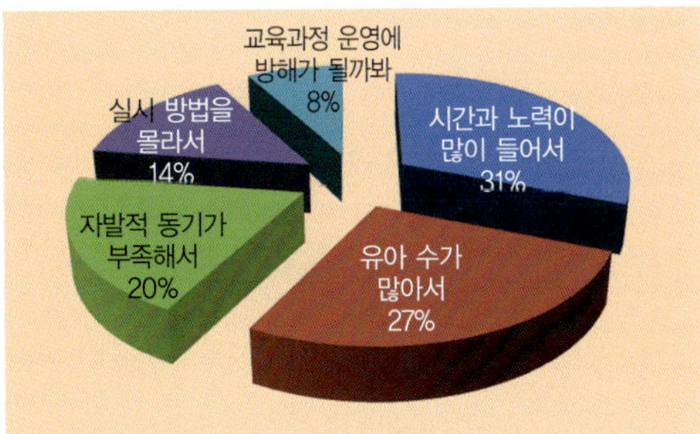

유아 평가 실행이 어려운 이유는 무엇입니까?

* 2011년 유치원 및 어린이집에 재직 중인 교사 199명을 대상으로 실행된 연구의 결과임.

유아 평가 실시 동기 및 실행 어려움의 이유

2. 유아 평가의 교육적 의의

유아 평가의 궁극적 목적은 교육의 질 향상으로, 다음과 같은 교육적 의의를 실현할 수 있어야 한다. 즉, 교사는 평가를 통해 유아의 현재 상태를 파악하여 교수-학습 활동의 계획과 반성의 근거로 활용하고 교수-학습 과정에서 적절한 교수전략을 선택하는 기준으로 활용할 수 있어야 한다. 또한 평가 결과를 학부모와 공유하여 유아의 발달 및 학습 상황을 이해하고 가정에서 연계적 지도를 할 수 있도록 하며, 유아에게도 자기 평가의 기회를 주고 공유하여 학습동기를 유발할 수 있어야 한다.

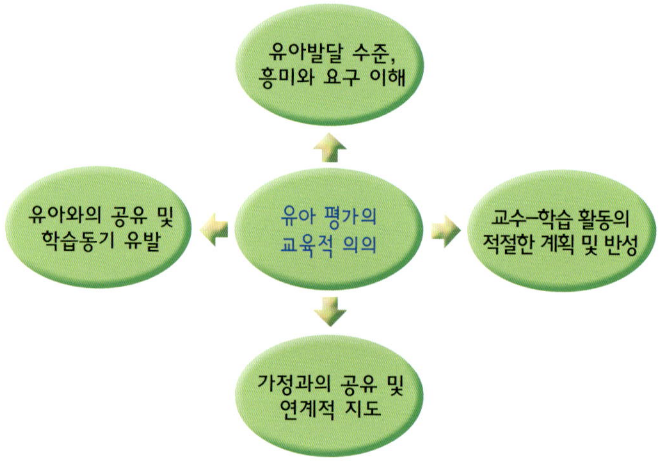

3. 유아 평가의 기본 원칙

- **유아중심의 평가**

유아 간 차이의 비교가 아니라 개별 유아의 영역별 차이와 변화를 중심으로 평가한다. 다른 유아와 비교하여 우열을 판정하는 것이 아니며 개인적 특성에 대한 이해에 중심을 둔다. 평가가 유아에게 부담이 아니라 유능감을 키워주는 의미있는 교육적 경험이 되도록 한다.

- **과정중심의 수행 평가**

결과보다는 과정 자체가 의미가 되는 방법을 사용하여 교수 · 학습 상황 속에서 지속적으로 평가한다. 교육목표와 연관된 유아의 노력, 진보, 성취를 나타내는 수행을 중심으로 평가한다.

- **발달적, 경험적으로 적절한 평가**

유아의 발달 및 학습수준, 경험에 맞는 내용과 방법으로 평가한다. 평가의 내용과 방법이 유아에게 발달적으로 적절하고 가치있으며 경험과 연관되도록 한다. 특히 연령차를 고려한 타당한 평가도구 및 방법을 사용하며 개인차를 존중한다.

- **다면적이고 종합적인 평가**

관찰, 면접, 검사, 작업 표본 분석 등 다양한 방법을 통해 제 영역에 걸쳐 다면적이고 종합적인 평가를 실시한다. 따라서 일회성이 아니라 구체적이고 체계적으로 수립된 평가 계획에 의해 지속적, 누적적으로 평가한다.

4. 현장 활용도가 높은 유아 평가의 방법

1) 관찰

관찰은 가장 오랜 역사를 지닌, 현장에서 기본적이며 일반적으로 사용되는 유아 평가의 방법이다. 일상의 활동 속에서 나타나는 유아의 행동에 대해 특별한 조작 없이 있는 그대로 기록하는 관찰은 특히 자연스러운 상황 속에서 반복적으로 나타나는 유아의 행동으로부터 개별 유아의 독특한 개성을 발견하여 유아를 객관적으로 이해하도록 돕는다. 관찰을 위해서는 객관적이고 구체적인 기록이 중요하며 결과를 기록하는 방법에 따라 일화기록, 체크리스트, 평정척도 등으로 구분할 수 있다.

(1) 일화기록

일화기록은 유아의 특성을 나타내는 하나의 사건에 대해 객관적으로 상세히 기록하는 것이다. 시간이나 틀에 얽매이지 않아도 되는 장점이 있으나 시간이 많이 소모되는 것이 단점이다. 유아의 성격 및 행동 양식을 이해하기 위해 구체적인 사례와 상황에 초점을 두는 것이 특징이며, 누적적 일화기록은 개별 유아에 대한 이해뿐 아니라 문제의 발견 및 해결을 돕는다.

일화기록 시 유의점

- 주관적이거나 감정적인 표현을 배제하고 객관적인 용어를 사용한다.
- 관찰 시 기록에 집착하지 않으며, 일단 기록한 후 누락된 부분을 보완한다.
- 가능한 관찰과 동시 또는 직후, 최소한 당일에 기록한다.
- 관찰기록지에 반드시 유아 이름, 성별, 생년월일, 관찰일시, 관찰 장면 등을 기록한다.
- 실제 관찰 사실과 교사의 해석을 반드시 구분한다.
- 유아와 교사의 실제 언어를 그대로 인용한다.
- 하나의 일화를 참여한 여러 유아의 일화로 사용할 수도 있다.

〈언어생활 일화기록의 예〉

언어생활 영역-일화기록	
관찰아동	김○○(만 5세)
관찰영역	언어생활영역
관찰일	2011년 6월 22일
장 면	소그룹활동-만약 이 세상에서 물이 없어진다면 어떻게 될까?
기 록	물에 대한 생각모으기를 하고 있다. 교사가 ○○에게 "○○야, 만약에 물이 없어지면 어떻게 될 것 같아?"라고 묻자 ○○는 잠시 생각을 하더니 큰 소리로 대답한다. "음... 물이 없어서 물고기가 죽어요. 그리고 목(이) 마를 때 물이 없어서 물을 못 마셔요." 교사가 고개를 끄덕이며 ○○에게 "또 어떤 일이 일어날까?"라고 묻자 2초간 고개를 갸우뚱하며 생각한다. "응. 그리고 물이 없어서 풀이 못 자라서 토끼가 먹을 풀이 없어서 죽어요."
해 석	○○는 자신의 생각을 원인과 결과로 한 문장으로 구성할 수 있다. 물이 없어지면 어떻게 되는지 주제에 대해 깊이 이해하고 본인의 생각을 말할 수 있다.

(2) 체크리스트

체크리스트는 관찰할 유아의 행동 목록을 미리 만들어 놓고 해당되는 사례가 나타나는지를 기록하는 방법이다. 시간이 절약되고 사용이 간편하나 목록에 포함되지 않은 다양한 측면의 행동을 기록할 수 없다는 문제점이 있다. 기본 생활 습관, 신체, 인지, 언어, 사회성 등 각 영역별로 행동 발달 체크리스트를 이용해서 주기적으로 그 행동의 존재유무에 대해 기록하는 방식이 일반적이나, 처음 그 행동이 관찰된 날짜를 표시하는 방식도 있다.

〈동작활동 체크리스트의 예〉

번호	체크리스트	예	아니오
1	대상을 표현하는 활동에 참여하여 표현과정을 즐거워하는가?	✓	
2	활동하는 동안에 집중하는가?		✓
3	동작의 진행순서에 따라 움직이는가?	✓	
4	대상의 모양과 움직임에 대해 알고 있는가?	✓	
5	다양한 대상의 모양과 움직임을 표현할 수 있는가?		✓
6	전신이나 신체부분을 다양하게 활용하여 움직일 수 있는가?	✓	
7	다른 아이들의 움직임을 관찰하는가?		✓
8	교사의 신호에 맞추어 대상의 모양을 바꾸어 표현할 수 있는가?	✓	
9	(느리고 빠르게) 속도의 변화를 주어 대상의 움직임을 표현할 수 있는가?	✓	
10	높낮이에 변화를 주어 대상의 움직임을 표현할 수 있는가?	✓	
11	대상이 되어 이동할 때 걷기, 달리기, 두발 번갈아 뛰기, 말뛰기 등 다양한 이동 동작을 사용할 수 있는가?		✓

(3) 평정척도

평정척도는 미리 정해 놓은 척도에 따라 유아의 특정 행동의 성취수준이나 특성의 정도를 평정하는 것이다. 평정척도는 행동이나 특성의 존재유무를 넘어서 그 정도나 질적 수준을 평가할 수 있다는 장점이 있으나 일화기록이나 체크리스트와

달리 관찰 결과 자체가 아니라 관찰 결과에 따른 교사의 판단을 기록하는 것으로 주관성의 배제가 어렵다는 단점이 있다. 매우 그렇다~전혀 그렇지 않다와 같은 기술식 척도와 숫자식 척도, 선으로 표시된 도식 척도가 있으며 3점, 5점, 7점 척도가 일반적이다. 기술식 평정척도의 경우 유목 또는 단계로 구분된다.

평정척도 사용 시 유의점

- 관찰 결과에 기초해 척도간 기준을 제시하여 객관적으로 평정한다.
- 관찰의 대상이 되는 행동을 정확히 이해하여 평정한다.
- 다양한 상황에서 충분히 관찰한 후 평정한다.

〈사회정서발달 평정척도의 예〉

평정척도		1 그렇지 않다	2 그렇다	3 매우 그렇다
내용	1. 자신의 감정을 말로 표현할 수 있다.		√	
	2. 새로운 환경이나 교구에 흥미를 보인다.		√	
	3. 성격이 명랑하다.		√	
	4. 감정이 쉽게 바뀌는 편이다.	√		
	5. 혼자서 노는 편이다.*	√		
	6. 놀이에서 주로 지도자 역할을 한다.		√	
	7. 이미 진행되고 있는 놀이에 자연스럽게 끼어든다.			√
	8. 문제 상황이 생겼을 때 혼자서 잘 해결한다.			√
	9. 문제 상황이 생겼을 때 말로 해결한다.			√
	10. 다양한 놀이에 참여한다.		√	
	11. 친구들의 활동을 방해하지 않는다.			√

* 역채점 문항

2)검사

(1) 신체 · 체력 검사

신체 · 체력 검사는 신체적 성장 상태를 조사 · 기록하고, 운동 과제를 제시하여 수행 결과에 따라 체력을 평가하는 것이다. 신체검사에서는 키, 몸무게를 측정 · 기록하고 체질량을 분석하며 체력검사에서는 25m달리기, 평균대 위에서 외발서기, 앉아서 몸 앞으로 굽히기, 몸 지탱하기, 제자리에서 멀리뛰기, 모둠발 뛰어넘기 등의 과제를 제시하고 수행 결과를 기록, 분석한다.

신체검사와 체력검사는 유아가 스스로 자신의 신체적 성장에 대해 관심을 갖도록 돕고, 건강을 유지하기 위한 식사(편식) 지도를 하는 데 효과적이다. 체력검사는 동작활동으로 흥미롭게 진행할 수 있으며. 결과에 대한 구체적인 표기와 분석 결과의 제시가 필요하다.

(2) 교우도 검사, 자아개념 검사

교우도 검사는 유아의 교우 관계를 조사하여 도식으로 표현하는 것으로 유아와 교사의 1:1 면담 방법으로 이루어지는 것이 일반적이다. 교사가 개별유아에게 좋아하는 친구는 누군지를 묻고 유아가 학급친구의 사진을 보고 가리키거나 이름을 말하도록 하여 그 결과를 교우도로 기록한다. 자아개념 검사는 교사가 문항을 읽어주고 유아가 대답하는 방법으로 이루어진다.

교우도 검사 시 유의점

- 방해를 받지 않는 조용한 시간과 장소에서 실시한다.
- 옆에서 다른 유아가 영향을 주지 않도록 한다.
- 친구 이름을 정확히 말하지 못할 경우 교사가 도와준다.
- 생일이라거나 특정한 상황에 따른 영향이 없도록 주의한다.
- 시간이 부족하거나 응답이 곤란한 경우 교사의 관찰에 의해 교우도를 작성할 수 있다.
- 교우도 검사 시 면담을 병행하여 함께 기록하면 더 효과적이다.

(3) 교사 제작 검사

패턴이해하기, 가위질하기 등 특정한 과제에 대한 유아의 능력을 알아보기 위해 교사가 직접 제작한 검사로, 타당성과 신뢰성 있는 검사가 되려면 이론에 기초해

신중히 제작, 실시되어야 한다.

교사 제작 검사 시 유의점

- 지필검사식이 아니라 흥미롭고 구체적인 활동 과제로 고안한다.
- 별도의 검사라기보다 하나의 교수학습활동으로 실시한다.
- 자연스럽게 과정 중심으로 진행한다.
- 수행 결과에만 초점을 두기보다 유아의 태도 등 상황적 정보를 함께 기록한다.

(4) 유아의 자기 평가

유아의 자기 평가의 일반적인 예는 자유선택활동 평가이다. 선택한 흥미영역과 활동 내용, 만족도를 그림이나 글씨로 기록하며 누적적 자료에 의해 유아의 흥미를 파악할 수 있다.

〈유아의 자기 평가 예시〉

4세 자유선택활동 평가 예시	5세 자유선택활동 평가 예시

3) 유아 작업 표본 분석

유아 작업 표본 분석은 일상의 교육활동 속에서 유아들의 특정한 능력에 대한 진보 정도를 확인하기 위하여 유아의 작업 과정 및 결과에 대한 표본을 누적적으로 수집, 분석하여 그 변화를 알아보는 것이다. 인물화, 입체작품, 이야기 나누기 발표자료 등이 작업 표본으로 분석될 수 있으며 이를 통해 유아의 개별적인 흥미나 성향을 파악할 수 있고 평가 결과를 유아나 부모와 공유하기 쉬운 장점이 있다.

작업 표본 분석 시 유의점

- 작업 표본의 수집과 분석은 계획된 일정에 따른다.
- 교수-학습 활동과 연관된 작업 표본을 수집한다.
- 작업 표본에는 반드시 일시와 작업명, 유아의 이름을 기록한다.
- 작업(표본)에 대한 유아의 생각, 특정한 상황적 정보, 교사의 의견을 기록한다.
- 교사가 작업 표본에 수정을 가하지 않는다.

4) 면담

면담은 특정 활동이나 과제에 대해 유아의 생각을 직접 묻고 대답하도록 하여 평가하는 방법이다. 일상적 활동 중에 비계획적으로 이루어지는 면담도 있으나 평가 내용에 따라 특정한 질문을 미리 고안해 놓고 면담을 진행한다. 유아들은 면담에 익숙하지 않으므로 평소 상호작용이 많은 담임교사가 친숙한 분위기 속에서 자연스럽게 실시한다.

유아면담 시 유의점

- 유아의 수준에 맞추어 이해할 수 있도록 질문한다.
- 사진이나 표상활동 결과물을 활용하여 유아의 반응을 촉진한다.
- 다른 유아의 영향을 받지 않고 본인의 생각을 말할 수 있도록 주의 한다.
- 사전에 기록지를 준비하여 사용한다.
- 면담과 동시에 기록하고 필요시 녹음 또는 녹화하여 활용한다.

〈유아면담 시 사용된 기록지의 예〉

견학활동에 대한 유아면담			
날짜	2012. 02. 08 수요일	유아명	김○○(만 5세)
번호	질문	유아의 대답	
1	무엇이 가장 재미있었나요?	견학기록지 하기요	
2	무엇이 가장 어려웠나요?	없어요	
3	무엇을 알게 되었나요?	1학년 교실에 책이 있는 것	
4	무엇을 더 알고 싶나요?	몇 학년까지 있는지	
5	다음에 견학가고 싶은 곳은 어디인가요?	성당초등학교	

5. 유아 평가의 영역별 구성 및 연령차 고려

교육의 질 향상이라는 평가의 궁극적 목적에 비추어 볼 때, 유아 평가는 국가수준 유치원 교육과정의 5개 영역별 목표 및 내용과 연계될 필요가 있다. 교사는 국가수준의 교육과정을 기본 틀로 하여 각 기관의 상황, 학급 유아의 수준과 흥미에 따라 융통성 있게 학급 수준의 교육과정을 운영하여야 하므로 유아 평가 역시 기관 또는 학급 수준의 교육과정과 연계되어야 한다. 또한 인적, 물적 자원 등 여건과 상황을 고려하여 융통성있게 이루어질 필요가 있다.

한편, 한 기관의 영역별 유아 평가의 내용이 동일하다 하더라도 유아의 연령에 따라 다음과 같은 원칙에 의해 평가항목의 구성이나 도구와 방법 사용의 차별화가 요구된다.

1 3-5세에 걸쳐 공통적인 평가항목을 유지한다.

유아의 연령 증가에 따라 연계성 있는 이해를 위해서는 공통적으로 적용하는 평가항목이 필요하다. 공통적인 평가내용에 대한 평가도구나 방법에 있어 연령에 따라 불필요한 차이를 두는 것은 비효율적이다.

② 유아의 연령에 따른 발달수준의 차이를 고려하여 평가항목을 차별화한다.

유아의 연령이 어릴수록 이해력과 주의집중력, 언어표현력뿐 아니라 신체적 능력과 사회성 등이 부족하므로 부담을 주지 않는 평가항목을 선택해야 한다.

3세 유아의 평가 항목 선택 시 유의점

- 유아에게 더 구체적이고 단순한 반응을 요구하는 평가항목을 선택한다.
- 검사에 의한 평가항목은 줄이고 관찰을 중심으로 한다.
- 가정으로부터의 자료수집에 의한 평가항목을 늘인다.

③ 유아의 연령에 따른 발달적 과제를 반영하여 평가항목을 차별화한다.

연령에 따라 현저한 발달이 이루어지는 중요한 과제에 관련된 평가항목을 선택한다. 가령 3세의 경우, 발달적 과제 관련 항목의 예로 기관적응 평정척도를 사용하여 평가한다. 또한 대근육운동능력 관련 평가를 위해 3세는 선따라 걷기, 계단오르내리기를, 5세는 도구를 사용한 운동능력인 줄넘기를 평가항목으로 포함시킨다.

④ 같은 평가항목이라 하더라도 필요시 연령에 따라 평가도구나 방법을 차별화한다.

공통된 평가항목이라 하더라도 발달 수준에 맞추어 차별화된 도구를 사용하거나 방법에 변화를 준다. 가령, 작업표본 분석 시 어린 유아일수록 단순하고 구체적인 작업의 과정 및 결과물을 표본으로 수집해야 하며 자료관련 상황 정보를 더 많이 수집, 활용할 필요가 있다.

다음은 국가수준 교육과정의 목표와 내용을 근거로 평가의 내용 및 항목을 구성한 것이다. 영역별 평가의 내용은 같으나 평가항목에는 공통/연령별 항목이 포함되어 있다. 각 영역별로 같은 평가항목이지만 연령에 따른 평가도구나 방법의 차별화에 대한 설명을 제시하였다.

1) 건강생활(신체운동 · 건강)

<table>
<tr><th>내용</th><th colspan="2">항목</th><th>3세</th><th>4세</th><th>5세</th><th>방법</th><th>첨부자료</th></tr>
<tr><td rowspan="17">• 신체 성장
• 기본생활습관
• 기초체력
(근력 및 지구력/ 심폐지구력/ 유연성/ 평형성/ 민첩성/ 순발력)
• 운동능력
(대근육/소근육)</td><td colspan="2">신체적 발달 평정척도</td><td>●</td><td>●</td><td>●</td><td>관찰</td><td></td></tr>
<tr><td colspan="2">건강생활 관련 일화기록</td><td>●</td><td>●</td><td>●</td><td>관찰</td><td></td></tr>
<tr><td colspan="2">기본생활습관 평정척도(식습관, 이닦기)*</td><td>●</td><td>●</td><td>●</td><td>관찰</td><td>사진</td></tr>
<tr><td colspan="2">신체검사(신장, 체중, 체질량)</td><td>●</td><td>●</td><td>●</td><td>검사</td><td></td></tr>
<tr><td rowspan="6">기초체력 검사</td><td>몸 지탱하기</td><td rowspan="6">●</td><td rowspan="6">●</td><td rowspan="6">●</td><td rowspan="6">검사</td><td rowspan="6">사진</td></tr>
<tr><td>25M 달리기</td></tr>
<tr><td>앉아서 몸 앞으로 굽히기</td></tr>
<tr><td>평균대에서 외발서기</td></tr>
<tr><td>모둠발 뛰어넘기</td></tr>
<tr><td>제자리 멀리뛰기</td></tr>
<tr><td rowspan="6">대근육 운동능력 평정척도</td><td>선따라 걷기</td><td>●</td><td></td><td></td><td>관찰</td><td>사진</td></tr>
<tr><td>계단 오르내리기</td><td>●</td><td></td><td></td><td>관찰</td><td>사진</td></tr>
<tr><td>평균대걷기</td><td></td><td>●</td><td>●</td><td>관찰</td><td>사진</td></tr>
<tr><td>줄넘기하기</td><td></td><td></td><td>●</td><td>관찰</td><td>사진</td></tr>
<tr><td>매트 앞구르기</td><td>●</td><td>●</td><td>●</td><td>관찰</td><td>사진</td></tr>
<tr><td>앵금질하기</td><td>●</td><td>●</td><td>●</td><td>관찰</td><td>사진</td></tr>
<tr><td>소근육 운동능력 검사</td><td>가위질하기</td><td>●</td><td>●</td><td>●</td><td>검사</td><td>작업 표본</td></tr>
</table>

* 기본생활습관 관찰 시 종일반의 경우는 잠들고 깨는 습관, 수면 시간 등 낮잠 관련 평정척도를 포함한다.

연령별 차이

- 기초체력 평가 시 연령에 따라 다른 분석기준을 적용한다.
- 몸 지탱하기나 매트 앞구르기 등의 평가 시 3세는 교사의 도움이 필요하다.
- 앵금질하기 평가 시 3세는 제자리 앵금질만 평가하고 4, 5세의 경우 이동 앵금질과 발바꾸어 앵금질하기를 추가로 평가한다.

2) 사회생활(사회관계)

내용	항목	3세	4세	5세	방법	첨부자료
• 사회성 (친사회성/ 사회적 능력/ 또래관계/ 기관적응) • 정서성 • 기질 • 기본생활습관 • 자아개념	친사회성, 정체성 평정척도	●	●	●	관찰	
	사회생활 관련 일화기록	●	●	●	관찰	
	부적응행동, 사회정서발달 평정척도	●	●	●	관찰	
	기질 평정척도(부모용)	●			관찰	
	기관적응 평정척도*	●			관찰	
	사회적 유능감 평정척도		●	●	관찰	
	교우관계 검사 및 면담	●	●	●	검사·면담	
	기본생활습관 평정척도(정리정돈 등)	●	●	●	관찰	사진
	자유선택활동 평가	●	●	●	관찰·유아평가	작업표본
	자아개념 검사	●	●	●	검사	작업표본

* 4, 5세라도 신입유아인 경우 실시함.

연령별 차이

- 교우도 검사 시 3세는 내가 좋아하는 친구를 묻고 4 · 5세는 내가 좋아하는 친구, 가장 친한 친구, 친해지고 싶은 친구 등으로 세분화하여 질문한다. 3세의 경우 검사가 아니라 교사의 관찰에 의해 교우도를 작성할 수도 있다.
- 자유선택 활동 평가 시 3세는 교사의 관찰 방법을, 4 · 5세는 자기평가의 방법을 사용한다. 4세는 놀이하고 싶은 영역을 O으로 표시하고 놀이를 실행한 후 결과를 그림으로 표현하도록 하고, 5세는 문자 중심의 평가지를 사용하여 단어나 문장으로 기록하도록 한다.
- 자아개념 검사 시 3세는 자화상을 그리게 한 후 1:1 면담을 통해 실시하며 4 · 5세는 질문지를 사용하여 교사가 문항을 읽어준 후 유아가 응답하도록 한다.

3) 표현생활(예술경험)

내용	항목		3세	4세	5세	방법	첨부자료
• 예술적 표현과 감상(음률/조형/극놀이) • 창의성	표현력 및 창의력 평정척도		●	●	●	관찰	
	표현생활 관련 일화기록		●	●	●	관찰	
	평면표현능력	평면표현능력 평정척도 (주제, 색, 공간, 형태 표현)	●	●	●	작업표본분석	작업표본
		인물화 평정척도	●	●	●	작업표본분석	작업표본
		유아가 뽑은 작품 분석	●	●	●	면담·작업표본분석	사진·작업표본
	입체표현능력 평정척도		●	●	●	작업표본분석	작업표본
	음악적 표현능력 평정척도 (노래부르기, 악기연주하기)		●	●	●	관찰	사진
	극놀이 활동 평가		●	●	●	관찰	사진
	창의적 신체 표현 체크리스트		●	●	●	관찰	사진

연령별 차이

- 인물화 평가 시 연령별 특징을 고려한다. 즉, 3세는 끄적거리기 단계에서 선으로 표현하는 단계를 거쳐 면으로 표현하는 단계로의 변화를 중점으로 평정, 해석하고 4세는 세부적 신체표현의 정도, 5세는 동작적 표현의 정도를 중점으로 평정, 해석한다.
- 입체표현능력 평가 시 3세는 아직 미술작품에서 구체적 형태가 나타나기 어려우므로 블록구성의 결과물을 표본으로 하여 평가할 수 있다.

4) 언어생활(의사소통)

내용	항목	3세	4세	5세	방법	첨부자료
• 구두언어 (말하기/듣기) • 문식성 (읽기/쓰기/흥미)	언어발달 평정척도	●	●	●	관찰	
	언어생활 관련 일화기록	●	●	●	관찰	
	책에 대한 관심 가지기 체크리스트	●	●	●	관찰	사진·작업표본·도서목록
	듣기 평정척도	●	●	●	관찰	사진
	읽기 검사	●	●	●	검사	작업표본
	말하기 체크리스트	●	●	●	관찰	사진·작업표본
	쓰기 평정척도	●	●	●	관찰·작업표본분석	작업표본

연령별 차이

- 책에 관심가지기 평가 시, 3·4세는 매주 실시되는 도서대여 목록을 자료로 첨부하고 5세는 자유선택활동시간에 동화책을 읽고 스스로 기록한 작업표본 목록을 첨부한다.
- 말하기 평가 시, 3·4세는 주말 지낸 이야기 하기, 5세는 주제관련 발표를 선정한다.
- 쓰기 평가 시 3세는 이름 쓰기, 4세는 편지쓰기, 5세는 편지쓰기와 주제에 관련한 단어가지 활동으로 구분한다.

5) 탐구생활(자연탐구)

<table>
<tr><th>내용</th><th colspan="2">항목</th><th>3세</th><th>4세</th><th>5세</th><th>방법</th><th>첨부자료</th></tr>
<tr><td rowspan="13">• 수학적 · 과학적 문제해결 능력
• 탐구태도
• 인지적 흥미</td><td colspan="2">인지발달 평정척도</td><td>●</td><td>●</td><td>●</td><td>관찰</td><td></td></tr>
<tr><td colspan="2">탐구생활 관련 일화기록</td><td>●</td><td>●</td><td>●</td><td>관찰</td><td></td></tr>
<tr><td colspan="2">식물관찰 체크리스트</td><td>●</td><td>●</td><td>●</td><td>관찰</td><td>사진 · 작업표본</td></tr>
<tr><td colspan="2">동물관찰 평정척도</td><td>●</td><td>●</td><td></td><td>관찰</td><td>사진 · 작업표본</td></tr>
<tr><td colspan="2">요리활동 체크리스트 및 면담</td><td>●</td><td>●</td><td>●</td><td>관찰 · 면담</td><td>작업표본</td></tr>
<tr><td rowspan="2">실험활동</td><td>평정척도</td><td></td><td>●</td><td></td><td>관찰 · 면담</td><td>작업표본</td></tr>
<tr><td>체크리스트</td><td></td><td></td><td>●</td><td>관찰</td><td>사진</td></tr>
<tr><td colspan="2">견학 활동 체크리스트 및 면담</td><td></td><td></td><td>●</td><td>관찰 · 면담</td><td>사진</td></tr>
<tr><td colspan="2">주제에 대한 유아의 생각모으기</td><td></td><td></td><td>●</td><td>작업표본분석</td><td>작업표본</td></tr>
<tr><td rowspan="4">수학 활동</td><td>수세기</td><td>●</td><td>●</td><td></td><td>검사</td><td>작업표본 · 사진</td></tr>
<tr><td>도형으로 구성하기</td><td></td><td>●</td><td>●</td><td>관찰</td><td>작업표본</td></tr>
<tr><td>더하기</td><td></td><td></td><td>●</td><td>작업표본분석</td><td>작업표본 · 사진</td></tr>
<tr><td>빼기</td><td></td><td></td><td>●</td><td>작업표본분석</td><td>작업표본 · 사진</td></tr>
</table>

내용	항목		3세	4세	5세	방법	첨부 자료
	수학 활동	패턴 구성하기	●	●	●	검사	작업 표본·사진

연령별 차이

- 식물관찰 평가 시 성장에 소요되는 시기와 관찰 장소를 고려하여 3세는 콩나물, 4세는 새싹, 상추, 배추, 5세는 배추와 감자에 대한 관찰을 평가한다.
- 동물관찰 평가 시 3세는 올챙이, 4세는 토끼에 대한 관찰을 평가한다.
- 수세기 평가 시 3세는 1~10까지 4세는 1~15까지로 수준의 차이를 둔다.

6. 유아 평가의 절차

1) 계획

교육과정에 기초한 유아 평가를 위해서는 모든 교사가 함께 계획을 수립해야 한다. 먼저 건강, 사회, 표현, 언어, 탐구생활 영역별로 평가할 내용을 정하고 공통/연령별 항목을 구체적으로 구분한다. 또한 유아 평가와 관련된 모든 참여자들의 이해를 확대하기 위해 부모에게 유아 평가의 계획을 안내할 필요가 있다. 특히 평가 결과에 대한 부모의 예민한 반응을 예방하기 위해서는 학기 초에 유아 평가에 대해 오해가 생기지 않도록 충분한 안내가 이루어져야 한다.

연간 유아평가 계획 수립 시 유의점

- 기관 및 학급의 여건과 상황을 고려한다.
- 영역별 균형을 고려한다.
- 평가방법의 유형별 균형을 고려한다.
- 학기별, 월별로 균형있게 안배한다.
- 연간교육계획의 주제나 행사 등을 고려한다.
- 공통/연령별 평가항목을 분명히 구분한다.
- 공통항목의 경우 다음 해까지 연계되므로 모든 연령이 동일시기에 계획한다.
  (예; 신체 검사는 모든 연령이 3월과 5월, 10월, 1월에 동시에 실시)
- 전 연령의 교사가 협의하여 계획한다.
  (예; 교사제작 검사의 경우 해당 연령의 위, 아래 연령 담당교사와의 협의가 필수)

〈5세 학급 유아평가 연간계획〉

생활영역	건강생활	사회생활	표현생활	언어생활	탐구생활
3월	① 신체발달평정척도 ① 기본생활습관평정척도 ① 건강생활관련일화기록	① 교우관계검사 및 면담 ① 기본생활습관평정척도 ① 친사회성·정체성평정척도	① 인물화평정척도 ① 표현력및창의력 평정척도 ① 표현생활관련일화기록 ① 평면표현능력	① 책에대한관심가지기 체크리스트 ① 듣기 평정척도 ① 언어발달 평정척도	① 인지발달 평정척도 ① 탐구생활관련일화기록 ① 도형으로 구성하기
4월	① 매트앞구르기 ① 가위질하기 ① 기초체력평정척도 ① 평균대걷기	① 자아개념검사 ① 사회생활관련일화기록 ① 부적응행동, 사회정서발달평정척도 ① 사회적 유능감 평정척도	① 입체표현능력평정척도 ① 유아가 뽑은 작품분석	① 읽기검사 ① 말하기체크리스트 ① 쓰기평정척도 ① 언어생활관련일화기록	① 식물관찰체크리스트 ① 요리활동체크리스트 및 면담 ① 패턴이해하기

① 1차를 의미함.

2) 실행

유아 평가의 실행은 계획에 따라 다양한 자료의 수집과 분석이 이루어지는 분주한 과정이다. 배경정보관련 자료(가정환경 조사서, 건강기록 및 발달검사 자료 등)가 기본적으로 필요하며 평가항목에 따라 작업표본(유아가 쓴 글, 신체표현 사진 등), 면담자료, 관찰자료(체크리스트, 평정척도, 일화기록 등), 논평자료(유아의 작업에 대한 교사와 유아 자신의 견해를 기록한 것) 등을 수집한다. 평가 자료의 수집을 위해 카메라, 메모지, 유아 명단 등을 가까운 곳에 두어 편리하게 사용할 수 있도록 한다.

유아 평가 실행상의 유의점

- 유아의 안전에 문제가 없는지 주의한다.
- 여건과 상황에 맞추어 융통성을 가진다.
- 계획된 일정에 따라 진행한다.
- 교사의 편견, 주관적 판단, 감정을 배제한다.
- 항목에 따라 정확한 방법을 사용한다.
- 수업에 지장을 주지 않도록 한다.
- 필요한 자료와 도구를 완벽하게 준비한다.
- 유아가 좌절감이 아니라 성공감을 느끼도록 한다.
- 유아의 단점보다는 장점을 찾는 데 가치를 둔다.
- 모든 교사가 함께 협조한다.
- 유아와 부모의 참여가 의미있는 경험이 되도록 한다.

(1) 평가 실행 점검표의 활용

평가를 실행하면서 항목별로 점검표를 이용해 진행상황을 기록해 나가면 효과적이다. 평가를 위해 필요한 자료가 수집, 첨가될 때마다 표시해 나가면 착오없이 계획된 일정에 따라 효율적으로 평가를 실행할 수 있다.

〈만 5세 유아평가 실행 점검표의 예〉

건강생활 항목		실시			결과기록				해석	
		1차	2차	3차	첨부자료	1차	2차	3차	1학기	2학기
신체발달평정척도		3-4*	7-2	2-1						
건강생활 관련일화		3	7-1	1-4						
기본생활습관 평정척도 (식습관, 이닦기)		4-4	7-2	12-2	사진					
신체 검사		3-4 6	9-1	12-2						
기초 체력	몸 지탱하기	4-3	11-4	.	사진					
	앉아서 몸 앞으로 굽히기	4-3	11-4	.	사진					
	평균대 위에서 외발서기	4-3	11-4	.	사진					
	모둠발 뛰어넘기	4-3	11-4		사진					
	제자리 멀리뛰기	4-3	11-4		사진					
	25M 달리기	4-3	11-4		사진					
대근육 운동능력 평정척도	평균대걷기	3-4	7-2	12-3	사진					
	줄넘기하기	5-4	6-2	12-3	사진					
	매트 앞구르기	5-3	7-2	12-3	사진					
체크리스트	앵금질하기	5-2	7-2	12-2	사진					
소근육 운동능력	가위질하기	7-2	10-2	12-2	작업 표본					

사회생활 항목	실시			결과기록				해석	
	1차	2차	3차	첨부자료	1차	2차	3차	1학기	2학기
친사회성, 정체성 평정척도	3-4	7-1	12-1						
사회생활 관련 일화기록	4	7	12						

* 3월 4째주를 의미함.

〈만 5세 유아평가 실행 점검표 활용의 예〉

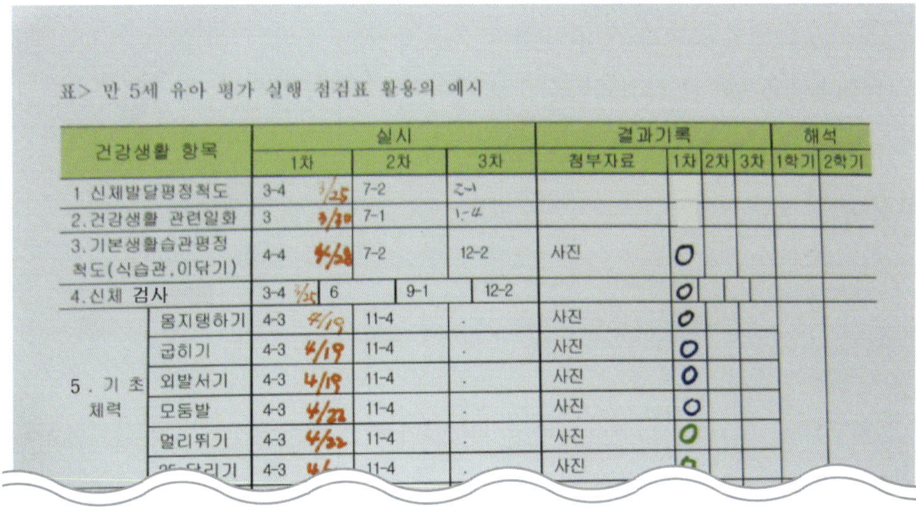

표> 만 5세 유아 평가 실행 점검표 활용의 예시

건강생활 항목	실시 1차	실시 2차	실시 3차	결과기록 첨부자료	결과기록 1차	결과기록 2차	결과기록 3차	해석 1학기	해석 2학기
1 신체발달평정척도	3-4 3/25	7-2	2-1						
2. 건강생활 관련일화	3 3/30	7-1	1-4						
3. 기본생활습관평정척도(식습관, 이닦기)	4-4 4/28	7-2	12-2	사진	O				
4. 신체 검사	3-4 3/25 6	9-1	12-2		O				
5. 기초체력 몸지탱하기	4-3 4/19	11-4	.	사진	O				
5. 기초체력 굽히기	4-3 4/19	11-4	.	사진	O				
5. 기초체력 외발서기	4-3 4/19	11-4	.	사진	O				
5. 기초체력 모둠발	4-3 4/22	11-4	.	사진	O				
5. 기초체력 멀리뛰기	4-3 4/22	11-4	.	사진	O				
5. 기초체력 [illegible]달리기	4-3 [illegible]	11-4	.	사진	[illegible]				

(2) 평가 자료의 보관

유아 평가에 필요한 자료들을 수집하기 이전에 그 자료들을 어디에 보관할 것인지 장소를 마련하고 적절한 보관함을 준비한다. 예〉 바인더, 파일, 서류봉투, 뚜껑이 있는 상자

〈평가자료 보관의 예〉

화일보관법	평가화일

(3) 작업표본의 수집

① 다양한 범위의 표본들이 포함될 수 있도록 한다.

대표적이고 우수한 작업표본을 주로 수집하되 실패한 작업의 표본도 포함시키는 것이 유아에 대한 전반적인 이해에 도움이 된다.

② 작업 표본은 정기적으로 수집한다.

일정한 시간 간격을 두어 작업표본을 수집할 때 변화를 파악하기 쉽다.

③ 유아의 특정 발달 상황을 평가하기 위해 인위적으로 수행과제를 부과하지 않도록 한다.

예를 들어 인물화를 평가하기 위해 꼭 '사람을 그려 보자' 는 과제를 줄 필요가 없다.

〈인물화 표본 선정의 예〉

3/25	7/4	12/13

④ 자발적인 작업 표본을 수집함으로써 유아들의 성향을 알아보도록 한다.

〈쓰기표본 수집의 예〉

주제조직망을 작성한 예

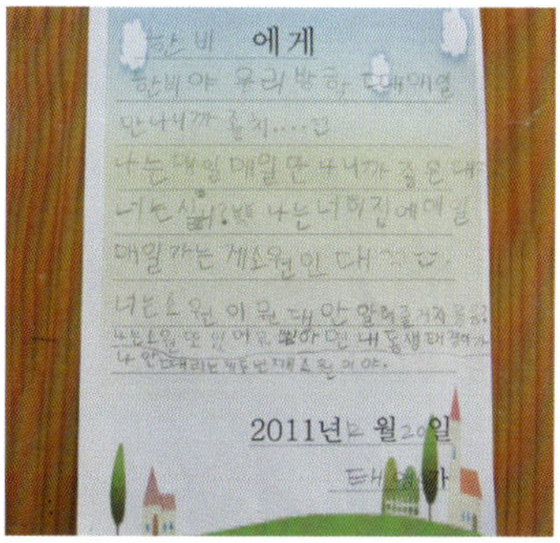

친구에게 편지쓰기를 한 예

5 작업표본 수집에 유아를 참여시킨다.

유아에게 정기적으로(2주나 한 달에 한 번씩) 자신의 작업결과물을 검토하고 작업 표본을 선택하게 한다. 가장 마음에 드는 작품을 선택한 후 선정 날짜, 선택 이유와 가장 마음에 드는 점, 고치고 싶은 점 등을 질문하여 기록한다.

유아이름: 김○○
작업날짜: 11월 25일
선정날짜: 12월 16일
제목: 할로윈축제
이 그림을 선택한 이유는?
무지개 색이 나타나서요.
맘에 드는 점은?
여자인디언
고치고 싶은 점은?
없어요

⑥ 작업표본에는 작업이 행해질 때의 특정한 상황이나 유아의 내용 설명 등을 기록해 놓는다.

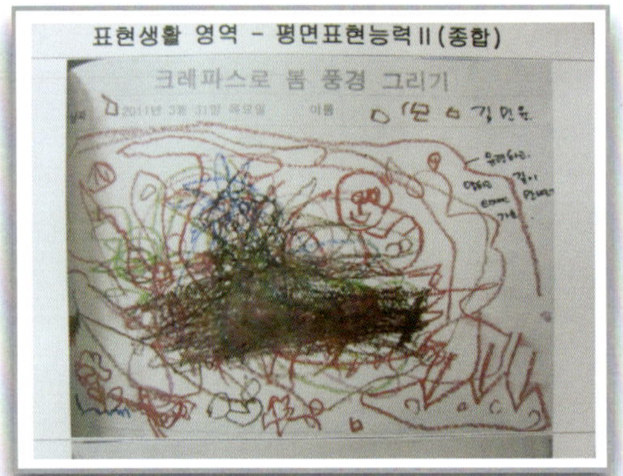

유아의 내용 설명
"유령하고 양하고 같이 외계인 만나러 가요"
기타 정보
옆의 친구 ○○에게 그림의 내용에 대해 이야기를 하며 즐거워하였음.

(4) 결과 분석 및 기록

자료수집의 과정에서 평가항목에 따라 적절한 시기에 결과를 분석 · 기록한다.

결과 분석 및 기록 시 유의점

- 평정척도나 체크리스트의 경우 자료수집 후 가능한 즉시 결과를 해석한다.
- 작업표본 분석 시 평가내용 및 관점에 초점을 맞추며 확대하여 해석하지 않는다.
- 가정과의 연계 측면에서 이해하기 쉽도록 해석하고 기록한다.
- 필요시 가정에서 도움을 줄 수 있는 방법도 제시한다.

(5) 사진 자료의 활용

작업 표본 수집 시 보관이 어려운 입체 활동의 결과물이나 신체 활동의 경우 사진 자료로 수집한다. 평정척도나 체크리스트 등 관찰에 의한 평가 시 활동 모습(예: 계단오르내리기), 친구와의 상호작용 장면 등의 사진 자료를 수집하여 참고 자료로 활용한다.

사진 자료 수집 시 유의점

- 사진 촬영으로 인해 교수–학습 활동(예: 자유선택활동의 협동적 놀이 등)에 지장을 주지 않아야 한다.
- 의미 있는 활동에 대해 가능한 사진을 찍어두되 사진을 찍기 위한 의도적인 포즈를 연출하지 않도록 한다.
- 사진 촬영 후 그 장면에 대해 가능한 즉시 기록한다(예 : 사진에 담긴 사건의 목적, 일시, 장면, 참여 유아의 이름과 각 장면의 의미 등).
- 이야기나누기, 일화, 신체표현에 관한 자료 수집 시 동영상 자료를 활용한다.

〈사진자료의 예: 친구와 상호작용하는 모습〉

12/18 자석블록으로 성만들기

12/13 세계여러나라 인형놀이

3) 결과 보고서 작성 및 활용 단계

(1) 평가 결과 보고서 작성

한 학기 혹은 한 해에 걸쳐 자료수집을 마치면 평가결과 보고서를 작성한다. 개별 유아의 포트폴리오 형태로 정리하는 것이 활용에 효과적이며, 평가결과 보고서에는 평가요약서를 포함시킨다. 평가결과 요약서는 서술문으로 작성한다.

〈평가 결과 요약서의 예〉

<table>
<tr><th colspan="4">2학기 발달상황 요약</th></tr>
<tr><td>유아명</td><td>김○○ (여)</td><td>연령</td><td>만5세</td></tr>
<tr><td>기록자</td><td>함○○</td><td>기록일</td><td>2012년 2월 16일</td></tr>
<tr><td>발달영역</td><td colspan="3">발달상황</td></tr>
<tr><td>건강
생활</td><td colspan="3">• 자신의 신체 능력에 자신감을 가지고 평균대, 매트구르기, 터치볼 활동에 적극적으로 참여하였다.
• 기본운동 능력 중 줄넘기 활동은 1학기 말에는 3개 정도 할 수 있었는데 지속적인 줄넘기 활동을 통해 2학기에는 10개 정도를 할 수 있을 정도로 기본 운동능력이 향상되었다.
• 기초체력의 경우 1학기보다 심폐지구력, 유연성, 평형성, 민첩성 등이 발달한 것으로 나타났다.
• 2학기에도 1학기와 마찬가지로 음식을 골고루 먹었으며, 2학기에는 속도면에서 많이 좋아졌다. 손씻기, 이닦기와 같은 기본 생활습관이 좋아졌다.</td></tr>
<tr><td>사회
생활</td><td colspan="3">• 2학기에는 자신의 감정을 조절할 필요성을 알고 1학기보다 자신의 감정을 적절하게 표현하였다.
• 놀이할 때는 주로 친한 친구와 놀이하지만 자기가 좋아하는 활동이 있을 때에는 친구와 떨어져서 놀이할 줄도 알았다.
• 대인관계가 좋았으며 1학기보다 친구들에게 인기가 많았다.
• 약속과 규칙을 알고 지키려고 노력하여 규칙지키기가 내면화되었다.</td></tr>
<tr><td>표현
생활</td><td colspan="3">• 1학기와 마찬가지로 음률과 조형활동에 관심이 많았다.
음률에서 노래부르기, 피아노치기 율동하기 등에 흥미를 가지고 참여하였다.
조형에서 그리기, 꾸미기에 특히 관심이 많아 다양한 재료를 이용하여 사물을 묘사하고 꾸미기를 좋아하였다.</td></tr>
<tr><td>언어
생활</td><td colspan="3">• 1학기보다 주의깊게 듣고 발표하는 데 있어 문장을 적절히 활용하여 말하는 능력이 향상되었다.
• 책 읽기와 쓰기에 관심이 많아 읽기 · 쓰기를 즐겨하였으며, 소근육발달도 잘 이루어졌다.</td></tr>
<tr><td>탐구
생활</td><td colspan="3">• 2학기에도 식물(배추)의 성장에 관심이 많고, 그 특성을 알아내고 탐색하는 태도가 보였다. 물질의 변화를 예측할 수 있고 그 특성을 알고 있어서 친구와 탐색하는 경험을 나눌 수 있었다.
• 생활 속에서 수량의 많고 적음을 비교할 수 있었다.
• 1~10까지의 수량을 알고 더하기 빼기를 할 수 있다. 방향과 위치관계를 알고 있으며 길이 비교 용어를 사용할 수 있었다.</td></tr>
</table>

(2) 평가 결과의 활용

1 부모님과 공유하기

평가 결과 보고서는 부모님과 면담할 때 활용할 뿐 아니라 연 2회(1학기 방학, 2학기 수료) 배부하여 부모님과 공유한다. 개학할 때 결과보고서를 다시 회수하며 이때 답신 형태로 학부모의 피드백을 받는다. 회수된 포트폴리오 형태의 평가결과 보고서는 다음 학년의 담임과도 공유하여 연계적 교육을 돕는다.

〈학부모답신의 예〉

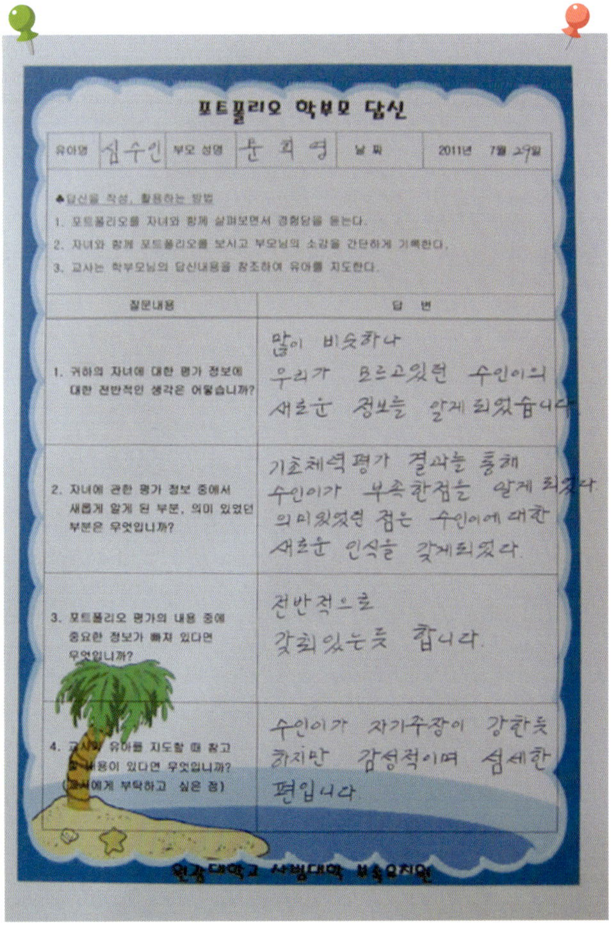

포트폴리오 학부모 답신

유아명	심수인	부모 성명	윤희영	날 짜	2011년 7월 29일

♣답신을 작성, 활용하는 방법
1. 포트폴리오를 자녀와 함께 살펴보면서 경험담을 듣는다.
2. 자녀와 함께 포트폴리오를 보시고 부모님의 소감을 간단하게 기록한다.
3. 교사는 학부모님의 답신내용을 참조하여 유아를 지도한다.

질문내용	답 변
1. 귀하의 자녀에 대한 평가 정보에 대한 전반적인 생각은 어떻습니까?	많이 비슷하나 우리가 모르고있던 수인이의 새로운 정보를 알게 되었습니다.
2. 자녀에 관한 평가 정보 중에서 새롭게 알게 된 부분, 의미 있었던 부분은 무엇입니까?	기초체력평가 결과를 통해 수인이가 부족한점을 알게 되었다 의미있었던 점은 수인이에 대한 새로운 인식을 갖게되었다.
3. 포트폴리오 평가의 내용 중에 중요한 정보가 빠져 있다면 무엇입니까?	전반적으로 갖춰있는듯 합니다.
4. 교사가 유아를 지도할 때 참고할 내용이 있다면 무엇입니까? (교사에게 부탁하고 싶은 점)	수인이가 자기주장이 강한듯 하지만 감성적이며 섬세한 편입니다.

원광대학교 사범대학 부속유치원

2 유아와 공유하기

흥미영역에 포트폴리오를 비치하여 유아가 개별적으로 보기도 하고 친구와 함께 보면서 상호작용하는 기회를 제공한다.

평가 결과들을 보면서 상호작용하고 있는 모습

7. 유아 평가를 위한 기관내 교사 교육

유아 평가의 효율적 실시를 위해서는 그 의미와 필요성, 방법 등에 대해 지속적인 교사교육이 이루어질 필요가 있으며 실행 과정에 있어서는 특히 구체적인 평가방법에 대한 교사교육이 요구된다. 참고문헌을 읽고 토론하거나 평가결과에 대한 해석을 서로 읽어주고 보완해주는 과정을 거쳐 평가자로서의 전문성을 기르도록 한다. 예를 들면, 기초체력 평가의 방법이 교사마다 조금씩 다를 수 있으므로 정확성과 객관성을 높이기 위해 훈련이 필요하다.

〈기초체력검사 실시에 대한 교사 교육의 예〉

유니바를 놓는 방법

유연성(몸 앞으로 굽히기) 측정방법

근력 및 근지구력(몸 지탱하기) 측정방법

순발력(제자리 멀리뛰기) 측정방법

II. 만 3세 유아 평가의 실제

1. 건강생활(신체운동 · 건강) 영역 평가의 예

1) 대근육운동능력 평정척도: 선따라걷기

<table>
<tr><th colspan="6">건강생활 영역 – 선 따라 걷기</th></tr>
<tr><td colspan="2">유아명</td><td colspan="2">김○○(만 3세)</td><td>활동명</td><td>신체활동</td></tr>
<tr><td colspan="2">평가
시기</td><td colspan="2">1차: 2011년 4월 20일
2차: 2011년 6월 23일</td><td>평가
유형</td><td>평정척도</td></tr>
<tr><td colspan="2">평가
내용 및
관점</td><td colspan="4">• 나의 몸 인식하기 – 나의 몸을 인식하고 움직이기
: 선을 인식하고 선을 따라 걸을 수 있는가?
: 균형을 유지하며 선을 따라 걸을 수 있는가?</td></tr>
<tr><td rowspan="9">내
용</td><td colspan="3">평정척도</td><td>1차</td><td>2차</td></tr>
<tr><td rowspan="3">걷
기</td><td>1</td><td>선을 무시하고 발을 바꾸며 마음대로 걷는다.</td><td></td><td></td></tr>
<tr><td>2</td><td>선을 따라 걷지만 균형을 잃고 몸이 흔들리거나 선 밖으로 발이 벗어난다.</td><td>✓</td><td>✓</td></tr>
<tr><td>3</td><td>균형을 잃지 않고 선을 따라 자연스럽게 걷는다.</td><td></td><td></td></tr>
<tr><td rowspan="2">곡
선
걷
기</td><td>1</td><td>곡선을 따라 걷지만 균형을 잃고 몸이 흔들리거나 선 밖으로 발이 벗어난다.</td><td>✓</td><td>✓</td></tr>
<tr><td>2</td><td>곡선을 따라 균형을 잃지 않고 자연스럽게 걷는다.</td><td></td><td></td></tr>
<tr><td rowspan="3">장
애
물
넘
기</td><td>1</td><td>선 위에 놓인 장애물을 밟고 건너거나 장애물을 넘으며 균형을 잃고 선 밖으로 발이 벗어난다.</td><td></td><td></td></tr>
<tr><td>2</td><td>장애물 앞에 오면 멈춰서 거리를 조정한 후 장애물을 넘는다.</td><td></td><td>✓</td></tr>
<tr><td>3</td><td>장애물 앞에서 멈춤 없이 자연스럽게 넘는다.</td><td></td><td></td></tr>
</table>

내용			평정척도	1차	2차
내용	방향바꾸기	1	교사가 신호하면 방향을 바꾸지 못하거나 방향을 바꾸며 선 밖으로 균형을 잃고 발이 벗어난다.		
		2	교사가 신호하면 멈춰서 균형을 유지한 뒤 천천히 방향을 바꾼다.		
		3	교사가 신호하면 자연스럽게 선 위에서 방향을 바꾸어 걷는다.		✓
	점프하기	1	선 위에서 점프를 하지 못하거나 점프 후 선 밖으로 발이 벗어난다.		✓
		2	점프 후 착지 시 균형을 잃고 몸이 흔들린다.		
		3	선 위에서 점프 후 안정적으로 착지한다.		
	균형잡기	1	선을 따라 걷다가 신호가 울리면 멈춘 후 한발을 들고 균형을 잡는다.		
		2	신호가 울리면 멈춤 동작 없이 걷는 동작 그대로 한 발을 들고 균형을 잡는다.		✓

건강생활 영역 – 선 따라 걷기	
유아명	김○○(만 3세)
평가시기	2차: 2011년 6월 23일
사진	
장애물 건너기	균형 잡기

해석	○○는 직선, 곡선을 따라 걸을 수 있으나 몸이 균형을 잃고 흔들린다. 그러나 양팔을 들어 스스로 균형을 잡거나, 양발을 바꾸지 않고 한쪽 방향으로만 계속 진행하기도 한다. 선 위에서 교사의 신호에 따라 자연스럽게 방향 바꾸기와 균형 잡기 활동을 수행할 수 있지만 선 위에서 점프하기를 시도할 경우, 발이 선에서 떨어지지 않고 무릎만 움직이며 앞을 향해 나아간다.

※ 신체활동을 평가할 경우 비디오 녹화를 하여 화면을 캡쳐하는 방법을 사용하면 편리함

<table>
<tr><th colspan="6">건강생활 영역 – 신체검사</th></tr>
<tr><td colspan="2">유아명</td><td colspan="4">김○○(만 3세)</td></tr>
<tr><td rowspan="3">검사</td><td>회차</td><td>날짜</td><td>신장(cm)</td><td>몸무게(kg)</td><td>체질량(BMI)</td></tr>
<tr><td>3차</td><td>9월 23일</td><td>110.2cm</td><td>17.5kg</td><td>14.4kg/㎡
정상</td></tr>
<tr><td>4차</td><td>12월 21일</td><td>111.5cm</td><td>18.5kg</td><td>14.9kg/㎡
정상</td></tr>
<tr><td colspan="3">한국소아표준발육치(2007)에 의한
남아 평균 (4세 6개월 기준)</td><td>107.2cm</td><td>18.0kg</td><td>16.0kg/㎡</td></tr>
<tr><td colspan="3">체질량지수(BMI)</td><td colspan="3">체질량지수(BMI)는 비만을 평가하기 위해 가장 보편적으로 사용되는 방법으로 저체중, 정상체중, 과체중, 비만으로 구분함.
* 체질량지수(BMI) = 체중(㎏)/키의 제곱(㎡)</td></tr>
</table>

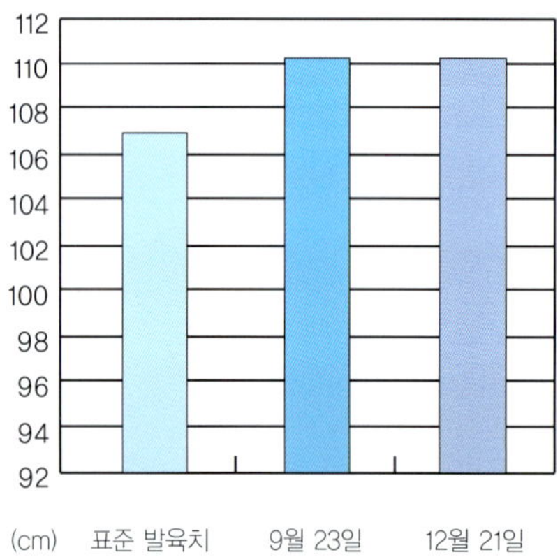

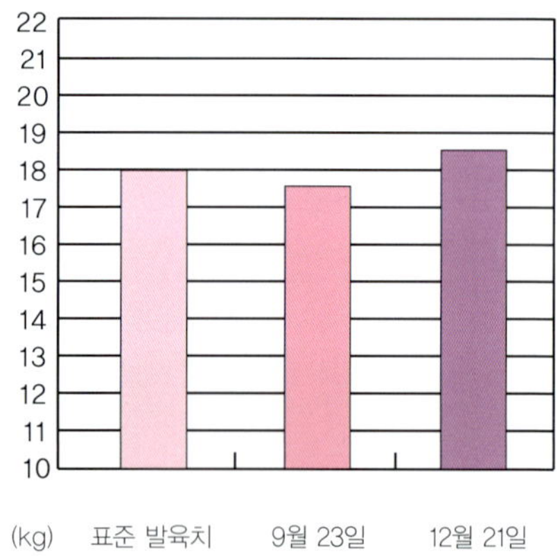

해석	○○는 9월보다 키는 1.3cm 자랐으며 몸무게는 1㎏ 증가했다. 한국소아표준발육치(2007)를 기준으로 키는 평균보다 4.3cm 큰 편이며, 몸무게는 평균보다 0.5kg 많다.

* 한국소아표준발육치에 연령별 남녀 신장, 체중, 체질량의 평균이 제시됨.

2. 사회생활(사회관계) 영역 평가의 예

1) 자아개념 검사

사회생활 영역 – 자아개념			
유아명	김○○(만 3세)	평가상황	자유선택 활동
평가시기	2011년 6월 20일	평가유형	면담
평가내용 및 관점	• 나를 알고 사랑하기 – 나에 대해 긍정적으로 생각하기 : 자신에 대해 긍정적인 자아감을 가지고 있는가?		
작업 표본	〈OO가 그린 내 모습〉 		
유아 면담	교사: 너는 어떤 친구를 좋아하니? 유아: 박순희하고 규선이		
	교사: 왜 그 친구를 좋아하니? 유아: 같이 놀아서		
	교사: 그럼, 그 친구는 널 좋아할까? 유아: 네		
	교사: 왜 좋아할까? 유아: 같이 놀아주니까		
	교사: 너는 네가 좋으니? 유아: 네		
	교사: 왜 그렇게 생각하니? 유아: 엄마가 예쁘다고 해서		
해석	○○는 자신에 대해 긍정적으로 생각하며, 좋아하는 친구에 대해서도 자신감을 가지고 이야기한다. 자아존중의 이유를 엄마를 기준으로 설명한다.		

※ 유아가 자기 자신에 대하여 갖는 자아개념은 아주 어린시기에서부터 길러지는 자신에 대한 확신감으로 일생을 통하여 긍정적인 자아개념을 갖고 생활하는 데 토대가 됨. 특히, 만 3세는 기관에서 단체생활을 하면서 또래와 만남을 가지게 되고 이를 통해 타인에 대한 의식이 확대되는 시기임. 따라서 유아가 또래관계 속에서 스스로를 어느 정도 긍정적으로 평가하고 있는지 알아보는 것이 중요함. 그림 표상을 통한 면담 방법을 사용하면 좀 더 자유로운 분위기 속에서 유아의 생각을 알아볼 수 있음.

2) 기본생활습관

<table>
<tr><th colspan="9">사회생활 영역 – 기본생활습관(정리정돈 등)</th></tr>
<tr><td rowspan="2">유아명</td><td rowspan="2">김○○
(만 3세)</td><td rowspan="2">평가시기</td><td>1차</td><td colspan="5">2011년 5월 23일</td></tr>
<tr><td>2차</td><td colspan="5">2011년 7월 06일</td></tr>
<tr><td>평가
상황</td><td>자유선택활동
정리시간</td><td>평가유형</td><td colspan="6">평정척도</td></tr>
<tr><td>평가내용
및 관점</td><td colspan="8">• 이웃과 더불어 생활하기 – 질서와 규칙 지키기
: 기본 생활습관이 형성되어 있는가?</td></tr>
<tr><td rowspan="6">내용</td><td colspan="2" rowspan="2">평정척도</td><td colspan="3">1차</td><td colspan="3">2차</td></tr>
<tr><td>그렇지 않다</td><td>그렇다</td><td>매우 그렇다</td><td>그렇지 않다</td><td>그렇다</td><td>매우 그렇다</td></tr>
<tr><td colspan="2">1. 놀이 후 정리정돈을 한다.</td><td></td><td>√</td><td></td><td></td><td>√</td><td></td></tr>
<tr><td colspan="2">2. 자신이 사용하지 않은 장난감도 함께 정리한다.</td><td>√</td><td></td><td></td><td>√</td><td></td><td></td></tr>
<tr><td colspan="2">3. 규칙(차례, 약속)을 잘 지키는 편이다.</td><td></td><td>√</td><td></td><td></td><td>√</td><td></td></tr>
<tr><td colspan="2">4. 물건을 소중히 다룬다.</td><td></td><td>√</td><td></td><td></td><td>√</td><td></td></tr>
<tr><td>사진</td><td colspan="8"> </td></tr>
<tr><td>해석</td><td colspan="8">○○는 자신이 사용한 장난감은 스스로 정리하지만 정리정돈 시간에 적극적으로 참여하지는 않는다. 단, 교사가 권유했을 때에는 다른 친구들의 장난감 정리를 도와준다.</td></tr>
</table>

※ 만 3세의 경우 교육기관에 들어와 단체생활을 처음 경험하는 유아가 다수 있음을 고려하여 학기 초보다는 5월 이후와 학기 말에 관찰하여 비교 평가하는 것이 적절함.

3) 기관적응

사회생활 영역 – 기관적응				
유아명	김○○(만 3세)	평가시기	2011년 4월 20일	
내용	평정척도	1 그렇지 않다	2 그렇다	3 매우 그렇다
	1. 친구나 선생님을 도와준다.		√	
	2. 장난감을 나누어 쓴다.		√	
	3. 친구나 선생님이 기분 나빠할 때 관심을 표현한다.		√	
	4. 차례를 지킨다.			√
	5. 활기 있다.		√	
	6. 친절하다.			√
	7. 편안해 보인다.			√
	8. 활동에 적극 참여한다.			√
	9. 자기 의사를 몸짓이나 말로 표현한다.			√
	10. 놀잇감이나 물건을 던지거나 부순다.*	√		
	11. 잘 운다.*	√		
	12. 대체로 친구들과 잘 지낸다.			√
	13. 다른 아이가 진행 중인 활동에 건설적으로 개입한다.			√
	14. 친구와 놀잇감을 함께 가지고 놀거나 교대로 갖고 논다.			√
	15. 다른 아이에게 관심을 표현하는 행동을 보인다. (예: 손잡기, 인사하기, 행동 따라하기 등)		√	
	16. 다른 아이의 놀잇감이나 물건을 빼앗는다.*	√		
	17. 다른 아이에게 신체적 공격을 한다.* (때리기, 물기, 차기, 꼬집기, 밀기 등)	√		
	18. 자신감이 있다.			√
	19. 독립적이다.			√
	20. 자기주장을 한다.		√	
	21. 쉽게 포기하지 않는다.		√	
	22. 보호자와 비교적 잘 헤어진다. (헤어질 때 울지만 곧 진정한다.)			√
	23. 하루 일과를 이해함을 알 수 있다.			√
	24. 일과 중 대체로 교사에게 협조적이다.			√
	25. 식사, 낮잠의 양과 시간이 규칙적이다.			
	26. 낮잠 잘 때 울거나 불안해하지 않는다.			
	27. 새로운 상황이나 변화에 불안해한다.* (예: 장소이동, 낯선 성인의 등장 등)	√		
	28. 보호자와 다시 만났을 때 반갑게 맞이한다.		√	
	29. 적절하게 교사의 관심이나 도움을 구한다.			√
	30. ○○는 어느 정도 유치원에 잘 적응했다고 생각하십니까?			√

출처: 허윤선(2006)

* 역채점 문항

기관적응 평정 결과지의 예

안녕하십니까?

본 자료는 2011년 4월에 실시되었던 '유아교육기관 적응'에 대한 평정결과입니다. 본 평정은 각 학급 담임교사에 의해 실시되었으며 그 결과를 바탕으로 개별 유아의 기관적응을 돕는 참고자료로 활용하였습니다.

■ 적응의 개념

적응이란 개인의 생리적, 심리적 욕구를 저해하는 여러 가지 환경적 요인을 극복해 나가는 과정으로 개인과 환경 간의 관계 속에서 존재하는 개념입니다. 유아교육기관에서의 적응이란 새로운 환경 속에서 만족스럽게 조화와 균형을 이루어 나가는 상태라고 할 수 있습니다.

■ 기관적응의 중요성

유아교육기관은 유아가 가족이 아닌 교사나 또래와 최초의 인간관계를 형성하는 곳으로, 이는 여러 가지 불안과 긴장을 유발시키는 곳이 될 수 있습니다. 유아들은 또래와의 집단생활, 새로운 기관에서의 규칙, 타인과의 관계에 적응해야 하는 어려움을 경험하게 됩니다. 이러한 과정에서 변화가 익숙하지 않고 낯선 유아들은 적응에 어려움을 겪으며 이러한 적응상의 곤란은 이후 연계되는 학교생활에 있어서도 영향을 줄 수 있다는 것이 학자들의 견해입니다.

유아의 기관적응은 유아가 달성해야 할 또 하나의 '성취'라고 이해하기보다는 유아들이 새로운 상황에서 갈등을 능동적이고 합리적으로 해결해 나가는 일련의 '과정'으로 이해하는 것이 필요합니다.

■ 기관적응의 하위항목과 높은 점수의 의미

하위항목	높은 점수의 의미
친사회적 행동	타인과의 사회적 관계에서 다른 사람에게 관심을 가지고 자발적으로 다가가는 친근함의 표현 정도
긍정적 감정	유치원에서 즐겁게 지내고 친절하고 우호적이고 편안함을 느끼며 활동에 즐겁고 적극적으로 참여하는 정도
또래 간의 적응	또래 관계에 있어 친구들이 하는 활동에 잘 참여하고 다른 친구들과 함께 놀이하며 잘 어울려 지내는 정도
자아강도	자신에 대해 자신감 있고 독립심과 자기주장이 강하며 주도적으로 활동하는 정도
하루일과의 적응	유치원의 하루일과를 잘 이해하고 등원해서 하원할 때까지 환경과 교사와 또래와의 포괄적인 적응 정도

김○○의 기관적응 평정결과

영역		점수(점)	백분율(%)
총점		76 /150	87.4/100
하위항목	친사회적 행동	9/20	75.0/100
	긍정적 감정	20/35	95.2/100
	또래 간의 적응	17/30	94.4/100
	자아강도	10/20	83.3/100
	하루일과의 적응	20/45	83.3/100

김○○의 기관적응 점수에 대한 해석

○○의 검사 결과, 본 기관에 대한 적응 수준이 매우 높은 편입니다. 특히, 긍정적 감정과 또래 간의 적응 영역에서 점수가 높은 편에 속합니다.

기관적응을 돕기 위한 부모님을 위한 양육 Tip

◇ 기관에서의 즐거웠던 경험을 회상할 수 있도록 아이와 함께 행복한 대화를 나눕니다.

◇ 새로운 환경에 적응하는 동안 더욱 더 신체적인 피로감을 느낄 수 있으니 가정에서 충분한 숙면을 취할 수 있도록 합니다.

◇ 친구를 돕고 나누어 주고 협동하는 경험을 가질 수 있도록 하여 자신을 능력 있고 가치있는 사람으로 지각할 수 있도록 합니다.

◇ 유아를 불안하게 위협하며 재촉하지 않습니다.

◇ 단체생활을 시작하기 전부터 작은 일은 유아 스스로 할 수 있게 격려합니다.

3. 표현생활(예술경험) 영역 평가의 예

1) 입체표현능력

<table>
<tr><th colspan="5">표현생활 영역 – 입체표현능력</th></tr>
<tr><td>유아명</td><td colspan="2">김○○(만 3세)</td><td>활동명</td><td>입체작품 만들기</td></tr>
<tr><td>평가시기</td><td colspan="2">1차: 2011년 5월 19일/ 2차: 6월 28 일</td><td>평가유형</td><td>평정척도, 작업표본분석</td></tr>
<tr><td>평가내용
및 관점</td><td colspan="4">• 예술적 표현 즐기기–조형활동으로 표현하기
: 다양한 재료를 활용하여 만들기를 하는가?
: 주제의 특징이 잘 나타나고 재료를 다양하게 사용하는가?
: 입체적인 구성방식을 사용하여 단위재료를 사용하는가?</td></tr>
<tr><th colspan="3">평정척도</th><th>1차</th><th>2차</th></tr>
<tr><td rowspan="5">주제의
특성배치</td><td>1</td><td>주제의 특징이 거의 알아볼 수 없이 이름만 붙여놓은 상태다.</td><td></td><td></td></tr>
<tr><td>2</td><td>주제의 특징이 미미하게 나타난다.</td><td></td><td></td></tr>
<tr><td>3</td><td>주제의 특징이 알아볼 수 있다.</td><td>√</td><td></td></tr>
<tr><td>4</td><td>주제의 특징이 잘 나타난 편이다.</td><td></td><td>√</td></tr>
<tr><td>5</td><td>주제의 특징이 아주 잘 나타난다.</td><td></td><td></td></tr>
<tr><td rowspan="5">재료
사용의
다양성</td><td>1</td><td>사용한 재료가 주재료를 제외하고는 거의 없다.</td><td></td><td></td></tr>
<tr><td>2</td><td>사용한 재료가 다양하지 못하고 재료의 특성도 살리지 못한다.</td><td></td><td></td></tr>
<tr><td>3</td><td>사용한 재료가 2·3종류로 평이하고 재료의 특성을 살리는 수준이 평범하다.</td><td>√</td><td></td></tr>
<tr><td>4</td><td>사용한 재료가 4·5종류로 다양한 편이고 재료의 특성도 살린다.</td><td></td><td>√</td></tr>
<tr><td>5</td><td>사용한 재료가 아주 다양하고 재료의 특성을 아주 잘 살린다.</td><td></td><td></td></tr>
<tr><td rowspan="5">구성방식</td><td>1</td><td>의도적인 구성이 거의 없고 기법사용이 한정되어 있다.</td><td></td><td></td></tr>
<tr><td>2</td><td>구성 의도는 엿보이나 구성이 아주 단조로운 편이다.</td><td></td><td></td></tr>
<tr><td>3</td><td>평면적인 구성방식을 사용하고 단위재료의 사용이 평범하다.</td><td>√</td><td></td></tr>
<tr><td>4</td><td>입체적인 구성방식과 평면구성을 혼합하여 사용하고 단위재료의 사용도 많아 복잡한 편이다.</td><td></td><td></td></tr>
<tr><td>5</td><td>입체적인 구성방식을 사용하여 단위재료의 사용이 많아 아주 복잡하다.</td><td></td><td>√</td></tr>
<tr><td rowspan="2">작업
표본</td><td colspan="2">1차</td><td colspan="2">2차</td></tr>
<tr><td colspan="2"></td><td colspan="2">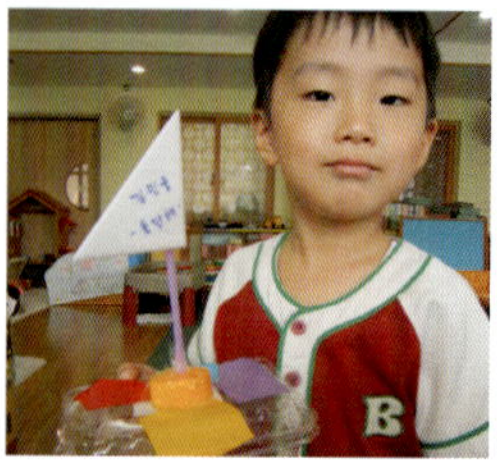</td></tr>
<tr><td>해석</td><td colspan="4">○○는 미술영역의 다양한 자료에 관심을 나타내며, 표현하고자 하는 주제의 특징을 살려서 구성할 수 있다.</td></tr>
</table>

2) 입체표현능력

표현생활 영역 - 입체표현능력 작품표본			
유아명	김○○(만 3세)	평가시기	2011년 3월 6일 ~ 7월 15일
3월 11일		6월 7일	

6월 10일		7월 12일	
		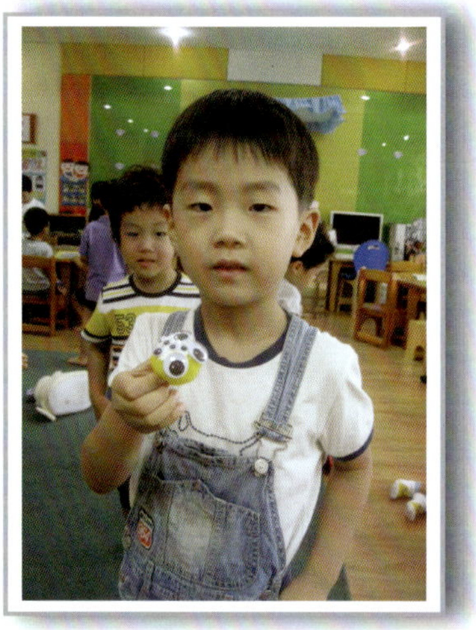	

3) 유아가 뽑은 작품 분석

표현생활 영역 – 유아가 뽑은 작품 분석	
유아명	김○○(만 3세)
평가시기	2011년 12월 12일 ~ 12월 16일
평가방법	미술 활동 작품 중에서 유아가 생각하기에 가장 잘 한 작품이나 가장 재미있었던 작품을 선정한 후 이유에 대해 이야기하였다.
작품 활동일	2011년 10월 24일
활동명	가을 논과 허수아비 그리기
내용	참새가 갈 때 허수아비 보고 깜짝 놀랐어. 위에 있는 참새가 "뭐지?"하니까 아래(에) 있는 참새는 "이 괴물아."했어요.

면담내용	
교사 질문	유아 대답
왜 이 작품을 뽑았나요?	허수아비 때문에.
어떤 것이 가장 잘 한 것 같나요?	새
고치거나 더 하고 싶은 부분은 무엇인가요?	없어요.

작품 표본	〈내가 뽑은 작품〉 
해석	○○는 작품을 고른 이유로 그림 표상의 내용을 선택하여 자세히 설명할 수 있었다.

※ 학기말이나 1년에 한 번 유아 작품을 고르게 하기보다 2~3개월에 한 번 작품을 고르게 했을 때 모아둔 작품을 시간적으로 충분히 살펴보는 기회가 주어짐.

4. 언어생활(의사소통) 영역 평가의 예

1) 말하기

<table>
<tr><th colspan="6">언어생활 영역 – 말하기</th></tr>
<tr><td>유아명</td><td>강○○(만 3세)</td><td>활동명</td><td colspan="3">주말 지낸 이야기</td></tr>
<tr><td>평가시기</td><td>3차: 2012년 1월 30일</td><td>평가유형</td><td colspan="3">체크리스트, 작업표본분석</td></tr>
<tr><td>평가내용
및 관점</td><td colspan="5">• 말하기 – 생각과 느낌 말하기
: 주제에 대한 자신의 생각을 적절하게 말할 수 있는가?</td></tr>
<tr><td rowspan="6">내용</td><td colspan="3" rowspan="2">체크리스트</td><td colspan="2">3차</td></tr>
<tr><td>예</td><td>아니오</td></tr>
<tr><td colspan="3">1. 경험, 생각, 느낌을 문맥에 맞게 말할 수 있다.</td><td>√</td><td></td></tr>
<tr><td colspan="3">2. 질문을 이해하고 그에 맞는 적절한 대답을 할 수 있다.</td><td>√</td><td></td></tr>
<tr><td colspan="3">3. 여러 가지 낱말과 문장을 적절히 활용하여 말한다.</td><td>√</td><td></td></tr>
<tr><td colspan="3">4. 듣는 사람을 바라보며 알맞은 속도와 크기로 말한다.</td><td>√</td><td></td></tr>
<tr><th colspan="3">작업표본</th><th colspan="3">사진</th></tr>
<tr><td colspan="3">T: 주말 어떻게 지냈어요?
C: 롯데월드 가서 피자랑 만들었어요.
소방차 체험도 했구요. 그리고 뭐했냐면요.
롯데월드 가서 놀았어요.
T: 피자는 어디에서 만들었어요?
C: 체험하는 데에서 만들었어요.
이마트 체험도 했어요.
T: 이마트 체험은 뭐야?
C: 쇼핑하면서 하는 체험도 했어요.
캐릭터 방도 있어요.
T: 어떤 캐릭터?
C: 뭐였냐면요. 롯데월드 캐릭터예요. 시계도 그렇구요. TV는 안 그렇구요. 베개도 그렇구요. 이불도 그래요. 엄마랑 체험하는 건 엄마가 해준 거예요.</td><td colspan="3"></td></tr>
<tr><td>해석</td><td colspan="5">○○는 경험을 회상하여 반 친구들 앞에서 이야기할 수 있으며, 교사의 질문에 맞게 적절한 단어와 문장으로 이야기할 수 있다. 접속사나 연결어미 등을 사용할 수 있다.</td></tr>
</table>

2) 듣기

<table>
<tr><th colspan="4">언어생활 영역 – 듣기</th></tr>
<tr><td>유아명</td><td>김○○(만 3세)</td><td>평가시기</td><td>3차: 2011년 12월 13일</td></tr>
<tr><td>평가상황</td><td>대집단활동 이야기나누기</td><td>평가유형</td><td>평정척도</td></tr>
<tr><td>평가내용 및 관점</td><td colspan="3">• 듣기–문학작품 즐겨듣기, 바른 태도로 듣기
: 다양한 문학 작품을 듣고 그 내용을 이해하는가?
: 주의 깊게 듣고 반응을 보이는가?</td></tr>
<tr><td>내용</td><td colspan="3">평정척도</td></tr>
<tr><td rowspan="4">동화·동시·동요 즐겨 듣기</td><td colspan="2">1. 동화·동시·동요를 주의 깊게 듣지 않는다.</td><td></td></tr>
<tr><td colspan="2">2. 동화·동시·동요를 잘 들었으나 내용에 관한 질문에 대답하지 못한다.</td><td></td></tr>
<tr><td colspan="2">3. 동화·동시·동요를 잘 듣고 내용에 관한 질문에 대답한다.</td><td></td></tr>
<tr><td colspan="2">4. 동화·동시·동요를 잘 듣고 들은 내용에 대하여 이야기한다.</td><td>✓</td></tr>
<tr><td rowspan="4">동화·동시·동요 듣고 이해하기</td><td colspan="2">1. 동화·동시·동요의 내용을 잘 모른다.</td><td></td></tr>
<tr><td colspan="2">2. 동화·동시·동요를 듣고 대략적인 내용을 안다.</td><td></td></tr>
<tr><td colspan="2">3. 동화·동시·동요를 잘 듣고 중심 내용을 말한다.</td><td></td></tr>
<tr><td colspan="2">4. 동화·동시·동요를 잘 듣고 그 내용을 자신의 경험, 생각과 관련지어 말한다.</td><td>✓</td></tr>
<tr><td rowspan="4">바른 태도로 듣기</td><td colspan="2">1. 주의가 산만하여 잘 듣지 못한다.</td><td></td></tr>
<tr><td colspan="2">2. 주의가 산만하나, 잘 듣는 편이다.</td><td></td></tr>
<tr><td colspan="2">3. 말하는 사람을 쳐다보며 주의 깊게 듣는다.</td><td></td></tr>
<tr><td colspan="2">4. 말하는 사람을 쳐다보며 주의 깊게 듣고, 반응을 보인다.</td><td>✓</td></tr>
<tr><td>사진</td><td colspan="3"></td></tr>
<tr><td>해석</td><td colspan="3">○○는 바른 자세로 들은 내용과 관련하여 자신의 생각이나 관련 경험들을 이야기할 수 있다.</td></tr>
</table>

3) 쓰기 : 이름쓰기

<table>
<tr><th colspan="5">언어생활 영역 – 쓰기</th></tr>
<tr><td>유아명</td><td colspan="2">김○○(만 3세)</td><td>활동명</td><td>이름쓰기</td></tr>
<tr><td>평가시기</td><td colspan="2">2011년 7월 6일</td><td>평가유형</td><td>평정척도, 작업표본분석</td></tr>
<tr><td>평가내용
및 관점</td><td colspan="4">• 쓰기 – 쓰기에 관심 가지기
: 자신의 이름에 관심을 가지는가?</td></tr>
<tr><td rowspan="6">내용</td><td colspan="2">평정척도</td><td>1차</td><td>2차</td></tr>
<tr><td>1단계</td><td>선 긁적거리기
– 선이나 선의 덩어리가 나타난다.</td><td></td><td></td></tr>
<tr><td>2단계</td><td>선으로 구성된 유사 글자
– 자음이나 모음의 형태가 나타나지는 않으나, 선과 도형의 모임이 화면 군데군데 나타난다.</td><td></td><td></td></tr>
<tr><td>3단계</td><td>실제 이름의 자 · 모음이 나타나는 유사글자
– 이름에 나오는 한두 개의 자음이나 모음이 포함된 낱자들이 화면의 한 부분에 집중적으로 나타난다.</td><td>√</td><td></td></tr>
<tr><td>4단계</td><td>실제 이름 글자 모양
– 자신의 이름글자에 나오는 자음과 모음이 대부분 나타나나 글자의 크기나 글자 간의 비율이 조절되지 못하고 있다.</td><td></td><td>√</td></tr>
<tr><td>5단계</td><td>크기와 비율이 조절된 이름글자
– 자기 이름의 낱자형태를 갖추고 있으며 낱자의 크기와 비율이 조절되어 균형을 이루고 있다.</td><td></td><td></td></tr>
<tr><td>작업표본</td><td>5/30
1차</td><td></td><td>6/27
2차</td><td>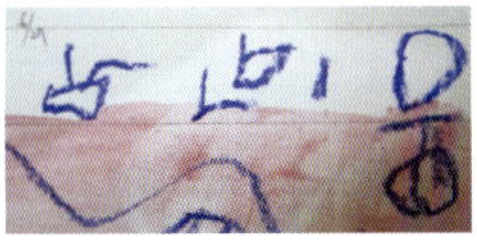</td></tr>
<tr><td>해석</td><td colspan="4">○○는 자신의 이름글자를 모두 쓸 수 있으나 거꾸로 된 자음이 빈번하게 나타난다.</td></tr>
</table>

※ 교사는 만 3세의 수준을 고려하되 평소 유아가 본인의 작품에 스스로 이름을 써 볼 수 있는 기회를 주어 꾸준히 변화과정을 관찰기록함.

5. 탐구생활(자연탐구) 영역 평가의 예

1) 수세기

탐구생활 영역 – 수세기			
유아명	김○○(만 3세)	활동명	자유선택활동(수 · 조작영역)
평가시기	3차 : 2012년 1월 30일	평가유형	검사
평가내용 및 관점	• 수학적 기초능력 기르기 – 수 감각 기르기 : 주변의 물체를 10까지 세고 숫자와 연결할 수 있는가?		
내용	평정척도		
	1. 수에 관심을 보이지 않는다.		
	2. 3까지의 수를 세고 숫자와 연결할 수 있다.		
	3. 5까지의 수를 세고 숫자와 연결할 수 있다.		
	4. 10까지의 수를 세고 숫자와 연결할 수 있다.		√
	5. 10이상 수를 세고 숫자와 연결할 수 있다.		

* 숫자가 쓰여 있는 그림판의 숫자를 읽고 수만큼 사탕 모형을 올려놓는다.

1 – 일 – 한 개　　2 – 이 – 두 개

3 – 삼 – 세 개　　4 – 사 – 네 개

5 – 오 – 다섯 개　　6 – 육 – 여섯 개

7 – 칠 – 일곱 개

(사탕을 여섯 개를 놓는다. 여섯을 세고 하나를 더 놓은 뒤 일곱. "일곱 개" 한다.)

8 – 팔 – 여덟 개

(사탕을 일곱 개 놓은 뒤 세어 보고 하나를 더 놓은 후 다시 숫자를 세고 "다 했다." 한다.)

9 – 구 – 아홉 개

(열 개를 놓은 뒤 여덟 개를 세고 세 개를 빼서 손에 들고 수를 처음부터 다시 천천히 센다. 일곱까지 센 뒤 손에 있던 사탕을 두 개 내려놓고 다시 수를 센다. 아홉이 되자 손에 들고 있던 하나를 상자에 넣으며 "아홉" 한다.)

10 – 십 – 열 개

(여덟 개를 놓은 뒤 하나씩 놓으며 '아홉, 열'을 말한 뒤 "끝~" 한다.)

해석	○○는 시행착오를 거치긴 하지만 1~10까지의 수를 바르게 읽고 일대일대응을 만들며 사탕(사물)과 숫자를 바르게 연결할 수 있다.

2) 동물관찰

<table>
<tr><th colspan="5">탐구생활 영역 – 동물관찰</th></tr>
<tr><td>유아명</td><td>이○○(만 3세)</td><td>활동명</td><td colspan="2">토끼 관찰하기</td></tr>
<tr><td>평가시기</td><td>2011년 12월 20일</td><td>평가유형</td><td colspan="2">평정척도, 작업표본분석</td></tr>
<tr><td>평가내용 및 관점</td><td colspan="4">• 과학적 기초능력 기르기 – 생명체에 관심 가지기
: 동물에 관심을 가지고 관찰하는가?
: 동물의 특징을 탐색하는가?</td></tr>
<tr><td rowspan="4">내용</td><td colspan="4">평정척도</td></tr>
<tr><td colspan="3">1. 토끼에 대해 관심을 나타내지 않는다.</td><td></td></tr>
<tr><td colspan="3">2. 토끼 관찰에 참여하나 토끼 생김새에 대해 이야기하지 않는다. 관찰한 내용보다는 이미지를 표상한다.</td><td>V</td></tr>
<tr><td colspan="3">3. 토끼의 생김새에 관심을 가지고 적극적으로 관찰에 참여하며, 관찰한 내용의 특징을 살려 표상하고 이야기한다.</td><td></td></tr>
<tr><td colspan="3">사진</td><td colspan="2">작업표본</td></tr>
<tr><td colspan="3"></td><td colspan="2">하늘이(토끼이름)는 귀엽게 생겼어요. 예뻤어요.
다리가 네 개예요.
귀가 길쭉해요.
뒷다리는 검정색, 앞다리는 하얀색이에요.</td></tr>
<tr><td>해석</td><td colspan="4">○○는 토끼를 관찰하고 외형적인 특징들을 단편적으로 설명할 수 있으며 토끼에 대한 자신의 느낌을 이야기하기도 한다. 토끼의 긴 귀와 다리의 특징을 설명할 수 있으며 부분적인 색깔도 이야기할 수 있다.</td></tr>
</table>

3) 식물관찰

<table>
<tr><th colspan="4">탐구생활 영역 – 식물관찰</th></tr>
<tr><td>유아명</td><td>황○○(만 3세)</td><td>활동명</td><td>콩과 콩나물 관찰하기</td></tr>
<tr><td>평가시기</td><td>2011년 11월 8일~17일</td><td>평가유형</td><td>평정척도</td></tr>
<tr><td>평가내용
및 관점</td><td colspan="3">• 과학적 탐구하기 – 생명체와 자연환경 알아보기
: 식물에 관심을 가지고 관찰하는가?
: 식물의 특징을 탐색하는가?</td></tr>
<tr><td rowspan="4">내용</td><td colspan="3">평정척도</td></tr>
<tr><td colspan="2">1. 콩과 콩나물에 대해 관심을 나타내지 않는다.</td><td></td></tr>
<tr><td colspan="2">2. 콩과 콩나물 관찰에 참여하나 콩나물의 생김새나 변화에 대해 이야기하지 않는다(관찰 내용보다는 이미지를 표상한다).</td><td>√</td></tr>
<tr><td colspan="2">3. 콩과 콩나물의 생김새나 변화에 관심을 가지고 적극적으로 관찰에 참여하며, 관찰한 내용의 특징을 살려 표상한다.</td><td></td></tr>
<tr><td>사진</td><td></td><td colspan="2"></td></tr>
<tr><td>해석</td><td colspan="3">○○는 식물을 관찰하는 것에 관심을 가지고 참여하지만 변화를 비교하여 설명하거나 특징을 살려 표상하지는 않는다.</td></tr>
</table>

Ⅲ. 만 4세 유아 평가의 실제

1. 건강생활(신체운동 · 건강) 영역 평가의 예

1) 대근육 운동능력 : 앵금질하기

<table>
<tr><th colspan="6">건강생활 영역 – 앵금질하기</th></tr>
<tr><td>유아명</td><td colspan="2">최○○(만 4세)</td><td>활동명</td><td colspan="2">신체활동</td></tr>
<tr><td>평가시기</td><td colspan="2">2011년 12월 19일</td><td>평가유형</td><td colspan="2">평정척도</td></tr>
<tr><td>평가내용
및 관점</td><td colspan="5">• 나의 몸 움직이기 – 이동하며 움직이기
: 신체의 균형을 잡고 한발로 연속해서 뛸 수 있는가?
: 앵금질의 자세가 안정적인가?</td></tr>
<tr><td rowspan="7">내용</td><td colspan="2">평정척도</td><td>그렇지 않다</td><td>보통</td><td>그렇다</td></tr>
<tr><td rowspan="3">제자리
앵금질</td><td>들고 있는 다리에 힘을 주어 몸의 흔들림이 없다.</td><td></td><td></td><td>✓</td></tr>
<tr><td>자리의 움직임이 없다.</td><td></td><td></td><td>✓</td></tr>
<tr><td>지탱하고 서있는 발에 반대 발의 무릎을 굽혀 옆에 대지 않는다.</td><td></td><td></td><td>✓</td></tr>
<tr><td>이동 앵금질</td><td>10m거리를 연속적으로 앵금질한다.</td><td></td><td></td><td>✓</td></tr>
<tr><td>발 바꾸기</td><td>정지상태 없이 자연스럽게 발을 바꾸어 앵금질한다.</td><td></td><td></td><td>✓</td></tr>
</table>

건강생활 영역 - 앵금질하기	
사진	
해석	◯◯는 1학기에 비해 안정적인 자세로 오른발 68회 왼발 74회의 앵금질을 할 수 있다. 오른발로 28회 정도의 앵금질을 하여 10m 연속으로 앵금질을 할 수 있다. 또한 정지상태 없이 자연스럽게 발을 바꾸어 앵금질 할 수 있다.

2) 대근육 운동능력 : 평균대 걷기

건강생활 영역 – 평균대 걷기			
유아명	한○○(만 4 세)	활동명	신체활동
평가시기	2012년 1월 27일	평가유형	평정척도
평가내용 및 관점	• 나의 몸 움직이기 – 도구 및 놀이시설을 활용하기 : 평균대에서 균형을 잃지 않고 다양한 동작을 할 수 있는가?		
내용	평정척도		3차
걷기	1단계	천천히 걸으며 몸이 많이 흔들린다.	
	2단계	흔들림 없이 자연스럽게 걷는다.	√
	3단계	균형을 잃지 않고 빠른 속도로 걷는다.	
방향 바꾸기	1단계	평균대 위에서 신호에 맞추어 방향을 바꾸지 못한다.	
	2단계	평균대 위에서 신호에 맞추어 방향을 바꾸어 움직인다.	√
장애물 넘기	1단계	장애물을 떨어뜨리거나 평균대에서 균형을 잃고 떨어진다.	
	2단계	장애물 앞에 오면 멈춰서 거리를 조정한 후 장애물을 넘는다.	√
	3단계	장애물 앞에서 멈춤 없이 자연스럽게 넘는다.	
뒤로 걷기	1단계	발을 바꾸거나 떼지 않고 한쪽 방향으로 걷는다.	
	2단계	발을 바꾸어 걸으나 균형을 잃고 몸이 흔들린다.	√
	3단계	균형을 잃지 않고 안정적으로 걷는다.	
평균대 점프 하기	1단계	평균대에서 점프를 하지 못하거나 점프 후 평균대에서 떨어진다.	
	2단계	점프 후 착지 시 균형을 잃고 몸이 흔들린다.	√
	3단계	평균대에서 점프 후 안정적으로 착지한다.	
균형 잡기	1단계	평균대를 걷다가 신호가 울리면 멈춘 후 한발을 들고 균형을 잡는다.	√
	2단계	신호가 울리면 멈춤 동작 없이 걷는 동작 그대로 한 발을 들고 균형을 잡는다.	
사진	장애물 넘기	균형 잡기	

해석	○○는 평균대 위에서 균형 잡는 것에 자신감을 갖고 대체로 자연스럽게 다양 한 동작을 할 수 있으나 간혹 흔들림이 있다. 1학기에 비해 평균대 위에서 점프를 할 수 있었다. 착지 시 균형을 잃고 몸이 흔들리는 편이나 이내 균형을 잡는다.		

3) 대근육 운동능력 : 매트 앞구르기

<table>
<tr><th colspan="5">건강생활 영역 - 매트 앞구르기</th></tr>
<tr><td>유아명</td><td colspan="2">이○○(만 4세)</td><td>활동명</td><td>신체활동</td></tr>
<tr><td>평가시기</td><td colspan="2">1차: 2011년 5월 17일
2차: 2011년 7월 15일</td><td>평가유형</td><td>평정척도</td></tr>
<tr><td>평가내용 및 관점</td><td colspan="4">• 나의 몸 움직이기 - 도구 및 놀이시설을 활용하기
: 매트에서 앞구르기 동작을 이해하고 할 수 있는가?</td></tr>
<tr><td rowspan="5">내용</td><td colspan="2">평정척도</td><td>1차</td><td>2차</td></tr>
<tr><td>1단계</td><td>다른 사람의 도움이 있어야 구를 수 있다.</td><td></td><td></td></tr>
<tr><td>2단계</td><td>혼자 힘으로 구를 수 있으며, 등이 닿음과 동시에 다리가 쭉 펴진다.</td><td>✓</td><td></td></tr>
<tr><td>3단계</td><td>매트에 등이 닿았을 때 팔은 얼굴 옆에, 다리는 90도를 이루어 'ㄴ' 모양을 만든 후 매트로 떨어진다.</td><td></td><td>✓</td></tr>
<tr><td>4단계</td><td>매트에 떨어질 때 구르기의 반동을 이용하여 엉덩이와 발바닥을 대고 손을 짚지 않고 일어설 수 있다.</td><td></td><td></td></tr>
<tr><td rowspan="2">사진</td><td colspan="2">1차</td><td colspan="2">2차</td></tr>
<tr><td colspan="2">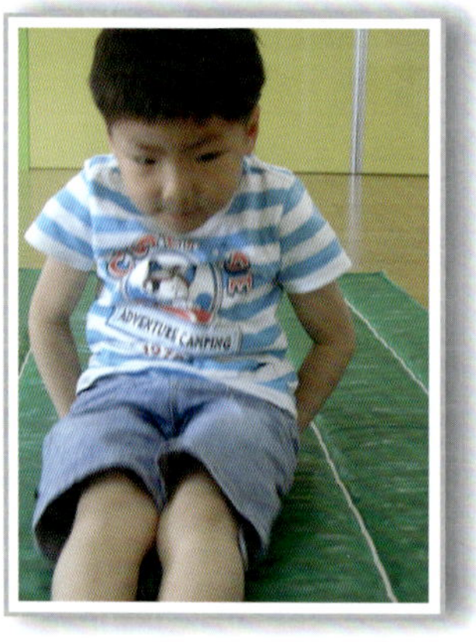</td><td colspan="2">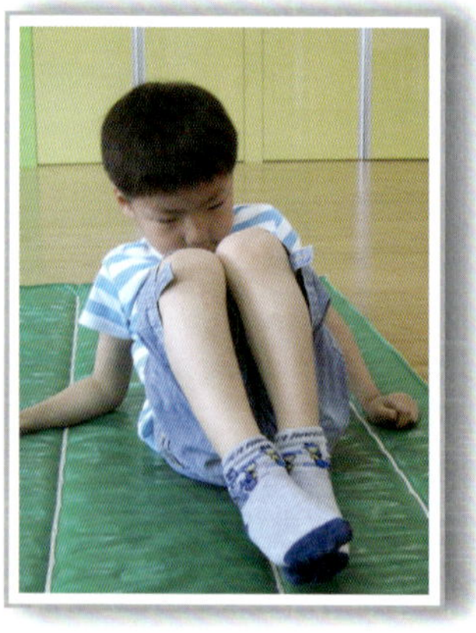</td></tr>
<tr><td>해석</td><td colspan="4">1차에는 2단계였지만 2차에서는 3단계로 발전하였다. 1차에서는 구를 때 몸이 한쪽 옆으로 기울어졌지만 2차에서는 머리를 양팔 가까이 끌어당기고 구를 수 있다.</td></tr>
</table>

4) 기본생활습관

<table>
<tr><th colspan="5">건강생활 영역 – 기본생활습관</th></tr>
<tr><td>유아명</td><td colspan="4">하○○(만 4세)</td></tr>
<tr><td>평가시기</td><td>2011년 12월 21일</td><td>평가유형</td><td colspan="2">평정척도</td></tr>
<tr><td>평가내용 및 관점</td><td colspan="4">• 건강하게 생활하기 – 몸과 주변을 깨끗이하기
– 바른 식생활하기
: 바른 자세로 적당한 양의 음식을 골고루 먹을 수 있는가?
: 스스로 옷을 입고 벗을 수 있는가?
: 손과 이를 깨끗이 닦을 수 있는가?</td></tr>
<tr><td rowspan="6">내용</td><td colspan="2">평정척도</td><td>그렇지 않다</td><td>보통</td><td>그렇다</td></tr>
<tr><td colspan="2">1. 간식, 식사 전에 손을 씻는다.</td><td></td><td></td><td>√</td></tr>
<tr><td colspan="2">2. 바른 식습관을 가진다.</td><td></td><td>√</td><td></td></tr>
<tr><td colspan="2">3. 혼자서 옷을 입을 수 있다.</td><td></td><td></td><td>√</td></tr>
<tr><td colspan="2">4. 화장실을 잘 사용한다(뒤처리).</td><td></td><td>√</td><td></td></tr>
<tr><td colspan="2">5. 이를 잘 닦는다.</td><td></td><td></td><td>√</td></tr>
<tr><td>사진</td><td colspan="2"></td><td colspan="3"></td></tr>
<tr><td>해석</td><td colspan="5">○○이는 대체로 바른 기본 생활 습관을 형성해 가고 있는 편이다. 1학기에 비해 바른 자세로 적당한 양의 음식을 골고루 먹을 수 있으며 적절한 시간 안에 먹으려고 노력하고 있다. 스스로 옷을 입고 벗을 수 있으나 손과 이를 깨끗하게 하기 위한 시간이 짧은 편이다.</td></tr>
</table>

2. 사회생활(사회관계) 영역 평가의 예

1) 교우관계 검사 및 면담

<table>
<tr><th colspan="5">사회생활 영역 – 교우관계</th></tr>
<tr><td>유아명</td><td>윤○○(만 4세)</td><td rowspan="2">평가일</td><td>1차</td><td>2011년 4월 1주</td></tr>
<tr><td>평가유형</td><td>교우도 검사, 면담</td><td>2차</td><td>2011년 6월 4주</td></tr>
<tr><td>평가상황</td><td colspan="4">친구들의 사진을 보며 교사와 유아가 일대일로 이야기한다.</td></tr>
<tr><td>평가내용
및 관점</td><td colspan="4">• 이웃과 더불어 생활하기 – 다른 사람을 이해하고 존중하기
: 친구와 사이좋게 지내는가?
: 사람은 서로 다르다는 것을 아는가?
: 사람의 서로 다른 점을 존중하며 함께 지낼 수 있는가?</td></tr>
<tr><td rowspan="4">교우도
검사내용</td><td colspan="2">1차 교우도</td><td colspan="2">2차 교우도</td></tr>
<tr><td colspan="2">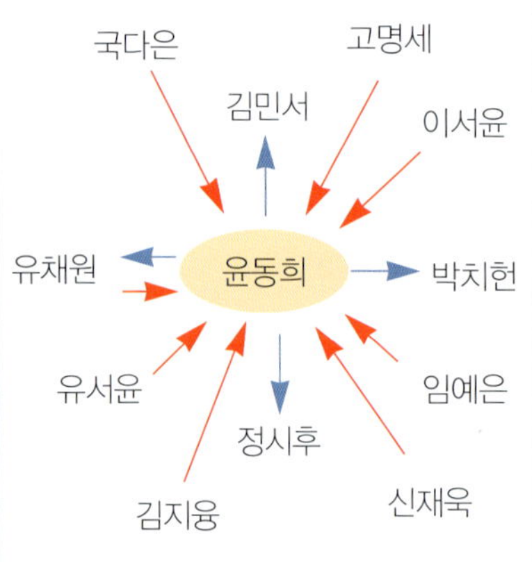
</td><td colspan="2">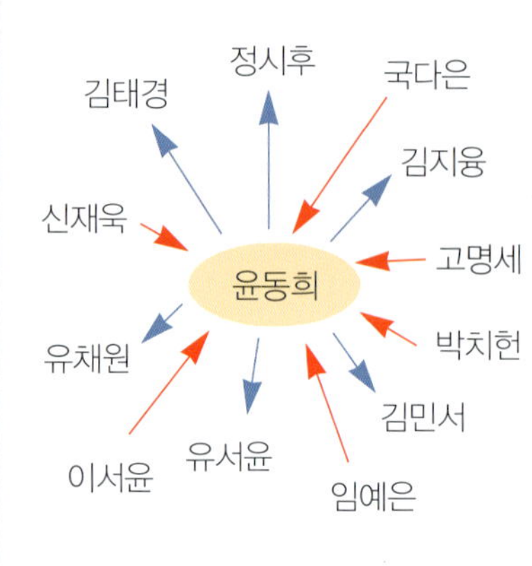
</td></tr>
<tr><td colspan="2">내가 좋아하는 친구:
김민서, 박치헌, 정시후, 유채원</td><td colspan="2">내가 좋아하는 친구:
정시후, 김지윤, 김민서, 유서윤,
유채원, 김태경</td></tr>
<tr><td colspan="2">← 나를 선택한 친구들</td><td colspan="2">← 내가 선택한 친구들</td></tr>
<tr><td rowspan="2">면담
내용</td><td>가장 친한
친구</td><td>김상훈</td><td colspan="2">김민서</td></tr>
<tr><td>친해지고
싶은 친구</td><td>박치헌</td><td colspan="2">정시후</td></tr>
<tr><td>해석</td><td colspan="4">○○는 좋아하는 친구에 대한 선호도가 분명한 편으로 여자친구와 남자친구에게 고르게 관심을 표현한다. 주로 쌓기 영역에서 친구들과 상호작용을 많이 하며 친구들에게 관심도 많이 받고 친구들과 사이좋게 지내는 편이다.</td></tr>
</table>

2) 자아개념 검사

사회생활 영역 – 자아개념				
유아명	이○○(만 4세)			
평가시기	2011년 12월 2주	평가유형	검사	
평가내용 및 관점	• 나를 알고 사랑하기 – 나에 대해 긍정적으로 생각하기 : 자신에 대해 긍정적인 자아감을 가지고 있는가?			

영역		자아개념 검사	유아생각	비고
미래의 내모습	1	나는 커서 어른이 되면 훌륭한 사람이 될 것이다.	○	1번 축구선수
	2	나는 학교에 들어가면 공부를 잘 할 것이다.	○	
능력	3	나는 블록쌓기, 종이접기, 만들기 같은 것을 잘한다.	○	
	4	나는 몰랐던 것도 금방 배울 수 있다.	○	
	5	나는 똑똑하다.	○	
	6	나는 여러 가지 게임을 잘한다.	○	
	7	우리 엄마 아빠는 내가 앞으로 훌륭한 사람이 될 거라고 생각하시는 것 같다.	○	
신체	8	나는 몸이 튼튼하다.	○	9번 그냥
	9	나는 거울을 볼 때마다 기분이 좋다.	×	
	10	나는 얼굴이 잘(예쁘게) 생겼다.	○	
	11	나는 키가 너무 크지도 않고 너무 작지도 않고 딱 알맞다.	○	
	12	나는 몸이 너무 뚱뚱하지도 않고 너무 마르지도 않고 딱 알맞다.	○	
	13	나는 자전거 타기, 그네타기, 미끄럼 타기 같은 것을 잘 한다.	○	
	14	나는 감기에 잘 걸리지 않는다.	○	

사회생활 영역 – 자아개념			
가족	15	우리 집은 참 재미있고 좋다.	○
	16	우리 엄마 아빠는 나를 참 좋아한다.	○
	17	엄마 아빠는 나에게 이야기를 많이 해주시고 내 얘기도 잘 들어 주신다.	○
	18	우리 집 식구들은 나와 잘 놀아준다.	○
	19	나는 우리 집 식구들과 사이좋게 지낸다.	○
	20	나는 집에서 엄마 아빠가 시키는 일을 잘 해드린다.	○
	21	나는 엄마 아빠 말씀을 잘 듣는 어린이다.	○
교우관계	22	나는 친구가 많다.	○
	23	나는 친구들과 잘 논다.	○
	24	나는 친구들을 잘 사귄다.	○
	25	나는 다른 친구들을 울리지 않는다.	×
	26	나는 처음 만난 친구와도 함께 잘 놀 수 있다.	×
	27	나는 나를 때린 아이하고도 같이 놀 수 있다.	×
	28	선생님과 친구들은 내가 하는 일을 다 좋아한다.	○
해석	○○이는 자신과 주변관계에 대해 알고 긍정적인 자아개념을 형성해 가고 있다.		

3. 표현생활(예술경험) 영역 평가의 예

1) 인물화

<table>
<tr><th colspan="6">표현생활 영역 – 인물화</th></tr>
<tr><td>유아명</td><td colspan="2">유○○(만 4세)</td><td>활동명</td><td colspan="2">그림 그리기</td></tr>
<tr><td rowspan="2">평가시기</td><td>1차</td><td>2011년 3월 6일</td><td rowspan="2">평가방법</td><td rowspan="2" colspan="2">평정척도, 작업표본 분석</td></tr>
<tr><td>2차</td><td>2011년 7월 14일</td></tr>
<tr><td>평가상황 및 관점</td><td colspan="5">• 예술적 표현 즐기기 – 조형 활동으로 표현하기
: 자신의 생각, 경험, 느낌을 그림으로 표현할 수 있는가?</td></tr>
<tr><td rowspan="7">내용</td><td colspan="3">평정척도</td><td>1차</td><td>2차</td></tr>
<tr><td>1단계</td><td colspan="2">다양한 선들로 끄적거리기를 한다.</td><td></td><td></td></tr>
<tr><td>2단계</td><td colspan="2">두족인처럼 머리에서 바로 팔, 다리가 연결 되게 표현한다.</td><td></td><td></td></tr>
<tr><td>3단계</td><td colspan="2">일자형 인물로 팔, 다리를 선으로 표현한다.</td><td></td><td></td></tr>
<tr><td>4단계</td><td colspan="2">강조표현이 나타나며 팔, 다리를 면으로 표현한다.</td><td></td><td></td></tr>
<tr><td>5단계</td><td colspan="2">세부적으로 신체부분들을 표현하고 동작적 요소가 나타난다.</td><td>√</td><td>√</td></tr>
<tr><td>6단계</td><td colspan="2">동작적 표현이 세분화되고 세련되어져 나타난다.</td><td></td><td></td></tr>
<tr><td rowspan="2">작업표본</td><td colspan="2">1차</td><td colspan="3">2차</td></tr>
<tr><td colspan="2"></td><td colspan="3"></td></tr>
<tr><td>해석</td><td colspan="5">○○는 1차에서는 인물의 머리카락을 강조해 표현했으나 2차에서는 인물의 비율을 조절하고 눈, 코, 입 등을 강조하였다. 손, 발 등의 표현이 나타나나 아직 동그라미로 표현한다.</td></tr>
</table>

2) 인물화 작업 표본의 예

<table>
<tr><th colspan="4">표현생활 영역 – 인물화 작업표본의 예</th></tr>
<tr><td>유아명</td><td>유○○(만 4세)</td><td>평가시기</td><td>2011년 3월 ~ 7월</td></tr>
<tr><td colspan="2">3월 16일</td><td colspan="2">3월 21일</td></tr>
<tr><td colspan="2"></td><td colspan="2">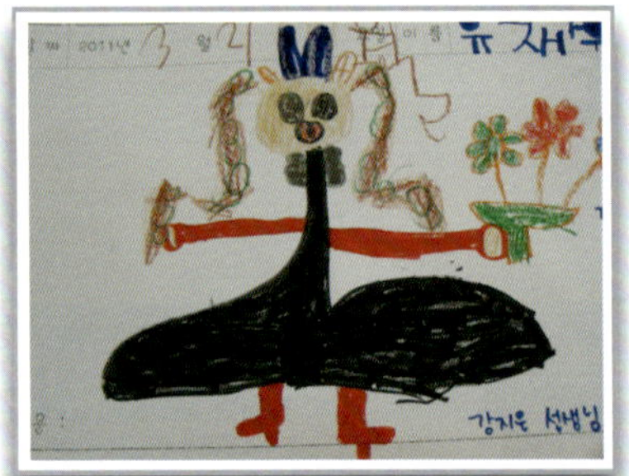</td></tr>
<tr><td colspan="2">4월 9일</td><td colspan="2">7월 11일</td></tr>
<tr><td colspan="2"></td><td colspan="2"></td></tr>
</table>

4. 언어생활(의사소통) 영역 평가의 예

1) 읽기 검사

<table>
<tr><th colspan="7">언어생활 영역 – 읽기</th></tr>
<tr><td>유아명</td><td colspan="3">한○○(만 4세)</td><td>활동명</td><td colspan="2">동화책 읽기</td></tr>
<tr><td>평가시기</td><td colspan="3">2011년 7월 18일</td><td>평가유형</td><td colspan="2">검사</td></tr>
<tr><td>평가내용 및 관점</td><td colspan="6">• 읽기 – 읽기에 관심가지기
: 주변의 글자에 관심을 가지는가?
: 주변의 친숙한 글자를 찾아 읽을 수 있는가?
: 여러 가지 맥락을 활용하여 글의 내용을 추측할 수 있는가?</td></tr>
<tr><td rowspan="12">내용</td><td colspan="5">평정척도</td><td>2차</td></tr>
<tr><td rowspan="4">1 단계</td><td rowspan="4">그림중심 읽기시도 단계</td><td>하위 1단계</td><td colspan="2">이야기를 형성하지 못하는 단계</td><td></td></tr>
<tr><td rowspan="3">하위 2단계</td><td colspan="2">이야기를 형성할 수 있는 단계</td><td></td></tr>
<tr><td>하위 2–1단계</td><td>구어식으로 읽기를 시도하는 단계</td><td></td></tr>
<tr><td>하위 2–2단계</td><td>문어식으로 읽기를 시도하는 단계</td><td></td></tr>
<tr><td rowspan="5">2 단계</td><td rowspan="5">글자중심 읽기시도 단계</td><td>하위 1단계</td><td colspan="2">글자를 인식하고 읽기를 거부하거나 마음대로 지어 읽는 단계</td><td>√</td></tr>
<tr><td>하위 2단계</td><td colspan="2">한두 가지 요소에 집중하여 읽는 단계
: 글자만 들여다보면서 아는 글자를 찾아 읽는 단계
: 글자를 손으로 짚어가며 아는 글자는 읽고 모르는 글자는 글자 수에 맞추어 지어 읽는 단계</td><td></td></tr>
<tr><td rowspan="3">하위 3단계</td><td colspan="2">총체적으로 읽기를 시도하는 단계</td><td></td></tr>
<tr><td>하위 3–1단계</td><td>전략적 읽기단계
: 모르는 단어를 익숙한 다른 단어로 만들어 읽는 형태/글자 수를 맞추어 읽는 형태</td><td></td></tr>
<tr><td>하위 3–2단계</td><td>정확하게 읽는 단계(독립적으로 읽기)</td><td></td></tr>
<tr><td colspan="6"></td></tr>
<tr><td colspan="6"></td></tr>
<tr><td rowspan="2">작업표본</td><td colspan="6">까마귀와 물병</td></tr>
<tr><td colspan="6">어느 무더운 여름날입니다. → 더운 것 같아요.
까마귀 한 마리가 “아이, 목말라. 어디 물이 없을까?” → 땀나요.
“야 물병이다!” “어, 물이 조금 밖에 없네.” → 물을 찾았어요. 먹으려고 했는데 물이 조금 있었어요.
“어떻게 하나?” “ 옳지!” → 못 먹겠대요. 옳지 생각났대요.
까마귀는 돌멩이 한 개를 물어 왔습니다. → 돌멩이를 넣으면 커진대요.
까마귀는 돌멩이를 물병에 집어넣었습니다. → 한 개 넣었어요.
“풍덩!” → 벌써 놔버렸어요.
“어디 마셔 볼까?” “안되겠는 걸.” → 다리 굵고 있어요./먹으려고 했는데 키가 안 닿아요.
까마귀는 돌멩이 두 개를 물어왔습니다. →
까마귀는 돌멩이를 물병에 집어넣었습니다. → 먹을 수 있겠대요.
‘풍덩!’ ‘풍덩!’ →
중간 생략</td></tr>
<tr><td>해석</td><td colspan="6">○○는 1차 평가에서는 그림 속 명칭을 이야기했으나 2차 평가에서는 책의 내용과 비슷하게 이야기를 지어나갈 수 있다.</td></tr>
</table>

5. 탐구생활(자연탐구) 영역 평가의 예

1) 요리활동 체크리스트 및 면담

<table>
<tr><th colspan="5">탐구생활 영역 - 요리활동</th></tr>
<tr><td>유아명</td><td colspan="2">김○○(만 4세)</td><td>활동명</td><td>호떡 만들기</td></tr>
<tr><td>평가시기</td><td colspan="2">2011년 12월 13일</td><td>평가유형</td><td>체크리스트, 면담</td></tr>
<tr><td rowspan="5">내용</td><td colspan="2">체크리스트</td><td>예</td><td>아니오</td></tr>
<tr><td>1</td><td>요리활동에 흥미를 가지고 참여하는가?</td><td>√</td><td></td></tr>
<tr><td>2</td><td>재료와 도구를 적절히 사용하는가?</td><td>√</td><td></td></tr>
<tr><td>3</td><td>활동에 관련된 이야기를 나누는가?</td><td>√</td><td></td></tr>
<tr><td>4</td><td>안전하게 활동하는가?</td><td>√</td><td></td></tr>
<tr><th colspan="3">면담내용</th><th colspan="2">작업표본</th></tr>
<tr><td colspan="3">1. 무엇이 가장 재미있었나요?
할머니가 만들어 줬는데 내가 만들어서요.</td><td colspan="2" rowspan="4"></td></tr>
<tr><td colspan="3">2. 무엇이 가장 어려웠나요?
소금 넣는 것</td></tr>
<tr><td colspan="3">3. 이전에 먹어본 호떡과 무엇이 다르나요?
할머니가 만든 건 조금 맛있고 우리가 만든 게 더 맛있어요.</td></tr>
<tr><td colspan="3">4. 무엇을 알게 되었나요?
다 모르겠어요.</td></tr>
<tr><td>해석</td><td colspan="4">○○는 요리 순서를 알고 순서에 따라 호떡을 만들 수 있다.
호떡에 호떡잼 믹스를 넣는 것을 어려워하나 스스로 해보려고 시도하며, 반죽의 촉감, 냄새에 관심을 갖고 그것에 대해 이야기할 수 있다.</td></tr>
</table>

2) 실험활동 평정척도 및 면담

탐구생활 영역 – 실험활동(밀가루 변화)			
유아명	이○○(만 4세)	활동명	밀가루 반죽하기
평가시기	1차 : 2011년 10월 1주	평가유형	평정척도, 면담
평가내용 및 관점	• 과학적 기초능력 기르기 – 물질에 대해 알아보기 : 물질의 변화에 관심을 가지고 물질을 변화시킬 수 있는 다양한 방법을 탐색할 수 있는가?		

내용		평정척도	그렇지 않다	보통	그렇다
내용	1	밀가루의 색, 모양, 맛, 촉감, 냄새를 아는가?			√
	2	밀가루와 물의 관계를 아는가?			√
	3	밀가루 반죽의 특징을 아는가?			√
	4	밀가루와 밀가루 반죽의 차이를 아는가?		√	
	5	밀가루 반죽에 식용유, 소금을 넣었을 때 밀가루 반죽의 변화를 아는가?	√		

면담내용	작업표본
1. 밀가루 반죽에 물을 더 넣으면 어떻게 될까? 말랑말랑하고 찐덕 찐덕해요.	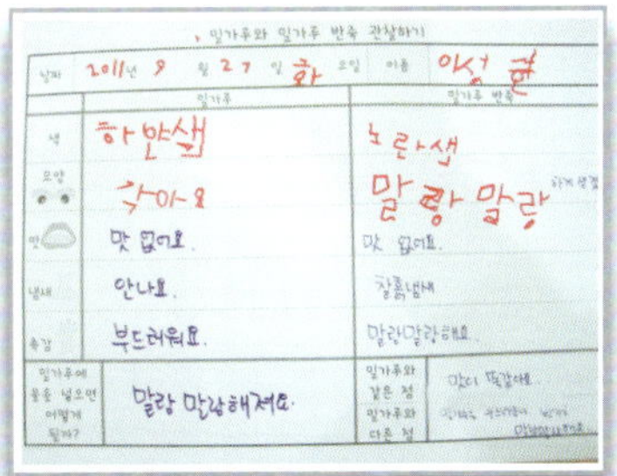
2. 소금 반죽의 느낌은 어떠니? 조금 까칠까칠해요.	
3. 소금 반죽과 그냥 반죽은 무엇이 다르니? 소금 반죽은 따뜻하고 반죽은 차가워요.	
4. 식용유 반죽은 느낌이 어떠니? 말랑말랑해요.	
5. 식용유 반죽과 그냥 반죽의 무엇이 다르니? 식용유 반죽은 조금 따뜻하고 반죽은 차가워요.	

해석	○○이는 밀가루와 밀가루 반죽에 많은 관심을 갖고 관찰한다. 밀가루와 밀가루 반죽의 색, 모양, 맛, 냄새, 촉감 등의 특징에 대해 관찰한 내용을 이야기할 수 있고 밀가루와 반죽의 차이점에 대해 촉감으로 표현할 수 있다. 또한 밀가루를 물로만 반죽했을 때와 식용유나 소금을 넣어 반죽했을 때의 차이에 대해서도 말할 수 있다.

3) 도형으로 구성하기

<table>
<tr><th colspan="4">탐구생활 영역 – 도형으로 구성하기</th></tr>
<tr><td>유아명</td><td colspan="2">장○○(만 4세)</td><td>활동명: 모양종이를 이용하여 구성하기</td></tr>
<tr><td>평가시기</td><td colspan="2">2011년 12월 10일</td><td>평가유형: 평정척도</td></tr>
<tr><td>평가내용 및 관점</td><td colspan="3">• 수학적 기초 능력 기르기 – 공간과 도형에 대해 알아보기
: 위치와 방향(위, 아래, 앞, 뒤, 옆)을 알아볼 수 있는가?
: 기본 도형을 이용해 여러 가지 모양을 구성하는가?</td></tr>
<tr><td rowspan="6">내용</td><td colspan="2">평정척도</td><td>3차</td></tr>
<tr><td>1단계</td><td>공간에 관한 기초개념을 알지 못한다(위. 아래. 앞. 뒤. 옆)</td><td></td></tr>
<tr><td>2단계</td><td>공간에 관한 기초 개념을 알고, 여러 가지 모양을 구별한다.</td><td></td></tr>
<tr><td>3단계</td><td>기본 도형은 알지만, 오른쪽과 왼쪽을 혼동한다.</td><td>√</td></tr>
<tr><td>4단계</td><td>오른쪽과 왼쪽을 구별한다.</td><td></td></tr>
<tr><td>5단계</td><td>공간과 물체와의 관계를 알고, 기본 도형을 이용해 여러 가지 모양을 구성한다.</td><td></td></tr>
<tr><td>작업표본</td><td colspan="3">
</td></tr>
<tr><td>해석</td><td colspan="3">○○는 다양한 크기의 동그라미 모양을 이용하여 대상에 따라 물체의 크기를 구분하여 구성할 수 있고, 비율에 적절하게 구성할 수도 있다. 또한 오른쪽, 왼쪽을 구분하여 이야기할 수는 있으나 가끔 혼동한다.</td></tr>
</table>

Ⅳ. 만 5세 유아 평가의 실제

1. 건강생활(신체운동 · 건강) 영역 평가의 예

1) 기초체력

건강생활 영역 –기초체력평가

유아명	김○○(만 5세)	활동명	신체활동
평가시기	2011년 4월 19일 ~ 4월 22일	평가유형	평정척도

평가항목	측정	평정척도 (여)									
		1단계		2단계		3단계		4단계		5단계	
몸 지탱하기	70초	29이하		30~61		62~118	√	119~175		176 이상	
25m 달리기	6.83초	7.8이상		7.7~7.1		7.0~6.4	√	6.3~5.7		5.6 이하	
앉아서 몸 앞으로 굽히기	5cm	0미만		0~4		5~10	√	11~15		16 이상	
평균대 위에서 외발서기	33초	15이하		16~30		30~45	√	45~60		61 이상	
모둠발 뛰어넘기	5.42초	7.2이상		7.1~6.0		5.9~4.9	√	4.8~3.8		3.7 이하	
제자리 멀리 뛰기	85cm	77이하		78~93	√	94~110		111~126		127 이상	

측정결과

여자유아

전체평균

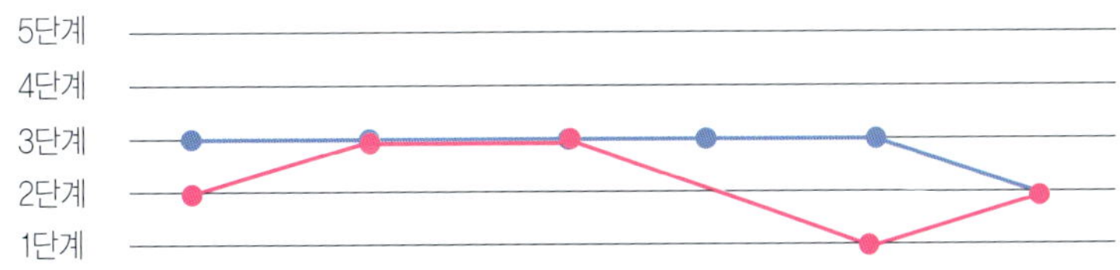

유아기록

평가항목	몸 지탱하기	25m 달리기	앉아서 몸 굽히기	평균대 외발서기	모둠발 뛰어넘기	제자리 멀리뛰기
기초체력 유형	근력 및 근지구력	심폐지구력	유연성	평형성	민첩성	순발력

해석	기초체력평가 결과 근력 및 지구력, 심폐지구력, 유연성, 평형성, 민첩성 등은 우수한 편이나 순발력은 부족한 편이다. 순발력 발달을 돕는 활동으로는 제자리 멀리뛰기, 제자리 한바퀴 뛰어 돌기, 높이 뛰어 넘기, 여러 가지로 뛰어보기, 굴러오는 공차기, 여러 가지 구르기, 피구 등이 있다.

출처 : 류진희 외 4인(2001)

기초체력 평가 모습의 예

근력 및 근지구력(몸지탱하기)

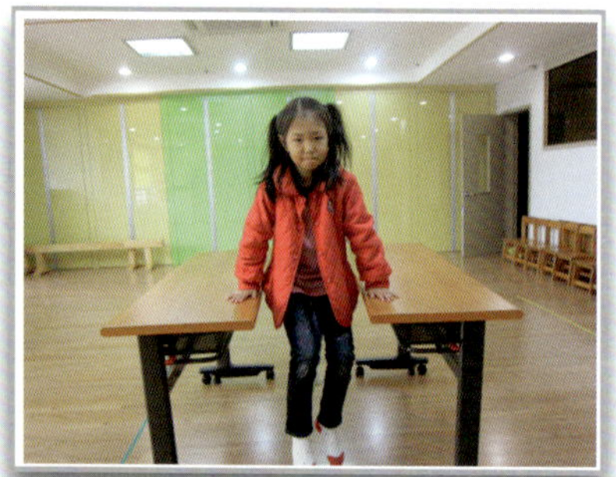

팔꿈치, 허벅지, 엉덩이 등의 신체부분을 책상에 기대지 않도록 함. 책상의 간격-어깨넓이. 책상높이-유아 다리 길이보다 높게 하기.

유연성(앉아서 몸 앞으로 굽히기)

발과 발 사이를 20cm 간격으로 벌리고 손을 발 사이로 뻗도록 함. 발끝에서 손끝까지의 거리를 측정하기. 손바닥이 바닥에 닿도록 하기.

평형성(평균대위에서 외발서기)

평균대 위에 놓고 있는 발이 평균대 면과 일치하도록 하고, 들고 있는 다리를 지탱하고 있는 다리에 대지 않도록 함.

민첩성(모둠발 뛰어넘기)

50cm간격으로 10개의 유니바를 놓고 모둠발로 뛰어넘는 시간을 측정 함.
짝발로 뛰지 않고 두발로 뛸 수 있도록 함.

2) 대근육 운동 능력 : 줄넘기하기

<table>
<tr><th colspan="5">건강생활 영역 – 줄넘기하기</th></tr>
<tr><td>유아명</td><td colspan="2">김○○(만 5세)</td><td>활동명</td><td>줄넘기</td></tr>
<tr><td rowspan="2">평가시기</td><td colspan="2">1차 : 2011년 5월 27일</td><td rowspan="2">평가유형</td><td rowspan="2">평정척도</td></tr>
<tr><td colspan="2">2차 : 2011년 6월 28일</td></tr>
<tr><td>평가내용
및 관점</td><td colspan="4">• 나의 몸 움직이기–도구 및 놀이 시설 활용하기
: 줄넘기를 활용하여 신체활동을 하는가?</td></tr>
<tr><td rowspan="7">내용</td><td colspan="2">평정척도</td><td>1차</td><td>2차</td></tr>
<tr><td>1단계</td><td>0~1회 줄을 넘을 수 있다.</td><td>✓</td><td></td></tr>
<tr><td>2단계</td><td>2~5회 줄을 넘을 수 있다.</td><td></td><td></td></tr>
<tr><td>3단계</td><td>6~10회 줄을 넘을 수 있다.</td><td></td><td></td></tr>
<tr><td>4단계</td><td>11회~20회 줄을 넘을 수 있다.</td><td></td><td></td></tr>
<tr><td>5단계</td><td>20회~30회 줄을 넘을 수 있다.</td><td></td><td>✓</td></tr>
<tr><td>6단계</td><td>31회 이상 줄을 넘을 수 있다.</td><td></td><td></td></tr>
<tr><td>작업표본</td><td colspan="4"></td></tr>
<tr><td>해석</td><td colspan="4">1차에서는 줄을 돌리는 동작도 어려워하였으나 2차에서는 연습을 하여 줄넘기를 연결동작으로 29회 할 수 있다. 줄넘기에 대해 자신감이 생겼다.</td></tr>
</table>

3) 소근육 운동 능력 : 가위질하기

<table>
<tr><th colspan="6">건강생활 영역 – 가위질하기</th></tr>
<tr><td>유아명</td><td colspan="2">김○○(만 5세)</td><td>활동명</td><td colspan="2">신체활동</td></tr>
<tr><td>평가시기</td><td colspan="2">1차 : 2011년 7월 15일</td><td>평가유형</td><td colspan="2">평정척도</td></tr>
<tr><td>평가내용 및 관점</td><td colspan="5">• 나의 몸 움직이기 – 감각 기관을 활용하기
: 눈과 손을 협응하여 선을 따라 오릴 수 있는가?</td></tr>
<tr><td rowspan="7">내용</td><td colspan="2">평정척도</td><td>그렇지 않다</td><td>그렇다</td><td>매우 그렇다</td></tr>
<tr><td>1</td><td>선과 상관없이 임의대로 오린다.</td><td>✓</td><td></td><td></td></tr>
<tr><td>2</td><td>긴 직선(I)을 따라 오린다.</td><td></td><td></td><td>✓</td></tr>
<tr><td>3</td><td>짧게 연결된 직선(W)을 따라 오린다.</td><td></td><td></td><td>✓</td></tr>
<tr><td>4</td><td>긴 곡선(~)을 따라 오린다.</td><td></td><td></td><td>✓</td></tr>
<tr><td>5</td><td>사각형, 삼각형, 원 등의 도형을 오린다.</td><td></td><td>✓</td><td></td></tr>
<tr><td>6</td><td>불규칙하게 울퉁불퉁한 선을 따라 모양을 오린다.</td><td>✓</td><td></td><td></td></tr>
<tr><td>작업표본</td><td colspan="5">
</td></tr>
<tr><td>해석</td><td colspan="5">가위로 오리기에서 불규칙한 모양의 사람모양은 오리기 어려워하나 직선, 지그재그, 곡선은 능숙하게 오릴 수 있다.</td></tr>
</table>

※ 선대로 오리게 하는 것이 중요함

2. 사회생활(사회관계) 영역 평가의 예

1) 자유선택활동 평가

유아명	김○○	활동명	자유선택활동
평가시기	2011년 9월~2012년 2월 8일	평가유형	관찰, 유아평가

선택활동 놀이 계획 선호도 집계표

영역 / 월	 쌓기		 역할		 음률		 조작		 수 · 과학		 미술		 언어	
	계획	실행	계획	실행	계획	실행	계획	실행	계획	실행	계획	실행	계획	실행
9월	17	5	19	15	5	1	10	5	18	6	18	3	13	8
10월	11	4	12	1		1	3	1	7	7	10	3	9	6
11월	8	4	13		3	1	9	1	11	3	11	1	7	5
12월	12	1	8			1	3	1	7	5	10	2	9	3
1, 2월	6	2	8	7	3	3	2	2	9	4	8	4	9	7
총계	54	16	60	23	11	7	27	10	52	25	57	13	47	29
	계획		놀이를 계획한 횟수				실행		계획 후 놀이를 실시한 횟수					
해석	자유선택활동 7개 흥미 영역 중 1학기에는 쌓기, 언어, 역할, 미술 영역 순으로 선호하였으나 2학기에는 언어, 수과학, 역할 영역 순으로 선호한다. 특히 언어영역과 수 · 과학 영역 놀이를 좋아한다.													

자유선택활동의 예

사회생활 영역 – 자유선택활동 모습(공통)			
유아명			김○○(만 5세)
일시	놀이영역	놀이명	사진
3/12	언어	구름빵 놀이	
6/22	쌓기	엄마아빠 놀이	

3. 표현생활(예술경험) 영역 평가의 예

1) 평면표현능력

표현생활 영역 – 평면표현능력				
유아명	김○○	활동명	그림그리기	
평가시기	2011년 3월 7일/2011년 6월 3일	평가방법	유아 작품	
내용		평정척도	1차	2차
주제 표현하기	1단계	• 주제와 관련되는 내용을 표현하지 못한다.		
	2단계	• 정형화된 표현을 하고 주제와 관련된 내용을 설명한다.		
	3단계	• 주제와 관련되는 내용을 표현한다.	√	√
	4단계	• 주제와 관련된 생각과 느낌을 창의적으로 표현한다.		
색 사용하기	1단계	• 묘사한 대상과 관련성이 없이 한 가지 색으로 그리고 칠한다.		
	2단계	• 사실직 색채에 대한 고려 없이 2~3가지 색을 사용하여 부분적으로 색칠한다.		
	3단계	• 여러 색을 사용하며 나무, 꽃과 같은 자연은 사실적 색으로 칠한다.	√	√
	4단계	• 사실과 유사한 객관적인 색채를 사용하려 한다.		
공간 표현하기	1단계	• 종이의 위, 아래에 관계없이 여러 방향으로 나열하여 그린다.		
	2단계	• 물체가 공간에 흩어져서 떠있으며 사물의 각 부분을 따로 그리기도 한다.	√	
	3단계	• 종이 아래 부분을 기저선으로 사용한다.		√
	4단계	• 하늘과 땅이 표현되며 위쪽과 아래쪽, 안과 밖의 개념이 명확하게 나타난다.		
형태 표현하기	1단계	• 긁적거리기하고 이름을 붙인다.		
	2단계	• 확실한 형태를 분간하기 어려운 그림에 집, 동물 등의 이름을 붙인다.		
	3단계	• 물체의 주요 특징을 단순하게 표현한다. (예 눈, 코, 입, 귀, 팔, 다리, 사각형 창문 등)	√	√
	4단계	• 물체의 상세한 특징을 표현한다. (예 손톱, 눈썹, 신발, 십자가형 창문 등)		

◦ 평면표현능력 작업표본의 예

표현생활 영역 – 평면표현능력

해석	1, 2차에서 모두 주제와 관련된 내용을 표현할 수 있다. 여러 색을 사용하고 사람, 공룡 등의 사물 특징을 단순하게 표현할 수 있다. 또한 1차에서는 사람들을 공간에 나열식으로 표현하였으나, 2차에서는 안과 밖의 개념이 나타났다.

※ 활동 중에 작업 표본으로 적절한 것은 사진자료로 수집하는 것이 적절함.

2) 극놀이 활동평가

표현생활 영역 – 극놀이 활동			
유아명	최○○(만 5세)	활동명	내동생 트리케라톱스
관찰 및 평가시기	2011년 6월 8일	평가방법	관찰
평가내용 및 관점	• 예술적 표현 즐기기 – 극놀이로 표현하기 : 간단한 이야기를 극놀이로 표현할 수 있는가? : 소품, 배경, 의상 등을 계획하여 협동적으로 극놀이를 할 수 있는가? • 감상하기 – 아름다운 느끼기 : 극놀이를 감상하고 생각과 느낌을 나눌 수 있는가?		
동극 배역			
엄마	온누리/정가윤	엘라스사우루스	유지성/정진우, 문연호
세뿔이	황재인, 서지연, 김나영/ 최설아, 이도헌, 한승훈	프테라노돈	김태영, 송수영 /이혜원, 조무찬, 서다빈
유오플로 케팔루스	정세헌, 조유빈 /김지민,박주혁	파크로소 사우루스	박선규, 최유진/정민우
세뿔이 동생	김남경, 정한비 /최연조, 김찬혁		

입장하는 모습	무대인사
	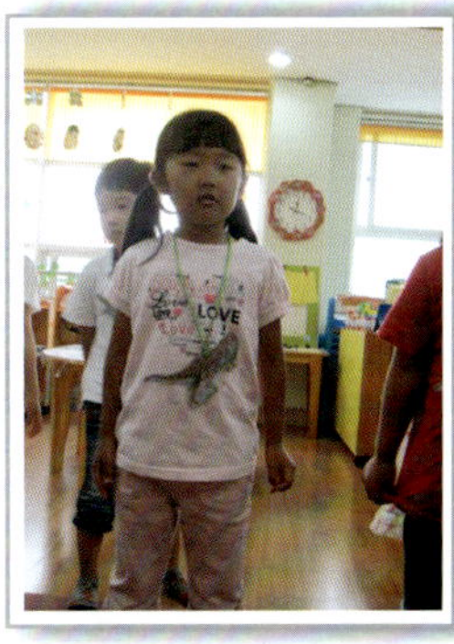

해석	처음에는 교사의 도움을 받아 대사를 하였지만 이후에는 파크로소사우루스 역할을 맡아 '이 들판을 지나가면 너의 동생을 틀림없이 만날 수 있을거야'와 같은 대사와 동작을 스스로 표현할 수 있다. 동극을 감상하고 자신의 생각과 느낌을 표현할 수 있다.

3) 창의적 신체표현

<table>
<tr><th colspan="5">표현생활 영역 – 창의적 신체 표현</th></tr>
<tr><td>유아명</td><td colspan="2">김○○(만 5세)</td><td>활동명</td><td>창의적 표현-꽃의 성장</td></tr>
<tr><td>평가시기</td><td colspan="2">1차 : 2011년 4월 14일</td><td>평가유형</td><td>체크리스트</td></tr>
<tr><td>평가내용 및 관점</td><td colspan="4">• 예술적 표현 즐기기 – 움직임과 춤으로 표현하기
– 창의적인 표현과정 즐기기
: 신체를 이용하여 주변의 움직임을 다양하게 표현하는가?
: 움직임과 춤을 통해 생각 · 느낌을 자유롭게 표현하는가?
: 예술 활동에 참여하여 표현과정을 즐기는가?</td></tr>
<tr><td rowspan="12">내용</td><td colspan="2">체크리스트</td><td>예</td><td>아니오</td></tr>
<tr><td>1</td><td>대상을 표현하는 활동에 참여하여 표현과정을 즐거워하는가?</td><td>√</td><td></td></tr>
<tr><td>2</td><td>활동하는 동안에 집중했는가?</td><td>√</td><td></td></tr>
<tr><td>3</td><td>동작의 진행순서에 따라 움직였는가?</td><td>√</td><td></td></tr>
<tr><td>4</td><td>대상의 모양과 움직임에 대해 알고 있는가?</td><td>√</td><td></td></tr>
<tr><td>5</td><td>다양한 대상의 모양과 움직임을 표현할 수 있는가?</td><td>√</td><td></td></tr>
<tr><td>6</td><td>전신이나 신체부분을 다양하게 활용하여 움직일 수 있는가?</td><td></td><td>√</td></tr>
<tr><td>7</td><td>다른 아이들의 움직임을 관찰하는가?</td><td>√</td><td></td></tr>
<tr><td>8</td><td>교사의 신호에 맞추어 대상의 모양을 바꾸어 만들 수 있는가?</td><td>√</td><td></td></tr>
<tr><td>9</td><td>(느리고 빠르게) 속도의 변화를 주어 대상의 움직임을 표현할 수 있는가?</td><td></td><td>√</td></tr>
<tr><td>10</td><td>높낮이에 변화를 주어 대상의 움직임을 표현할 수 있는가?</td><td>√</td><td></td></tr>
<tr><td>11</td><td>대상이 되어 이동할 때 걷기, 달리기, 두발 번갈아 뛰기, 말뛰기 등 다양한 이동 동작을 사용할 수 있는가?</td><td></td><td>√</td></tr>
<tr><td rowspan="2">사진</td><td colspan="2"> 씨앗이 된 모습</td><td colspan="2"> 새싹이 된 모습</td></tr>
<tr><td colspan="2"> 꿀벌이 되어 꽃의 꿀을 먹는 모습</td><td colspan="2"> 꽃이 피어난 모습</td></tr>
<tr><td>해석</td><td colspan="4">신체표현에 흥미와 관심을 가지고 활동에 즐겁게 참여하였다. 자신감을 가지고 꽃의 성장과정을 다양하게 표현하며 교사의 언어적 상호작용에 적절하게 반응하였다.</td></tr>
</table>

출처 : 김은심(2004)

4. 언어생활(의사소통) 영역 평가의 예

1) 말하기

<table>
<tr><th colspan="6">언어생활 영역 – 말하기</th></tr>
<tr><td>유아명</td><td colspan="2">김○○(5세)</td><td>활동명</td><td colspan="2">이야기나누기</td></tr>
<tr><td>평가시기</td><td colspan="2">2011년 6월 15일</td><td>평가유형</td><td colspan="2">체크리스트</td></tr>
<tr><td>평가내용 및 관점</td><td colspan="5">• 말하기 – 생각과 느낌 말하기, 낱말과 문장으로 말하기, 바른 태도로 말하기
: 주제에 대한 다양한 이야기를 할 수 있는가?
: 정확한 문장을 구성하여 말할 수 있는가?
: 이야기나누기 시간에 적극적으로 참여하는가?
: 이야기나누기 시간에 자세가 바른가?</td></tr>
<tr><td rowspan="5">내용</td><td colspan="3">체크리스트</td><td>예</td><td>아니오</td></tr>
<tr><td>1</td><td colspan="2">이야기나누기 시간에 적극적으로 참여하는가?</td><td>√</td><td></td></tr>
<tr><td>2</td><td colspan="2">이야기나누기 시간에 자신의 의견을 적절하게 이야기할 수 있는가?</td><td>√</td><td></td></tr>
<tr><td>3</td><td colspan="2">이야기나누기 시간에 자세(의자나 카페트에 앉는 자세, 발표하는 자세)가 바른가?</td><td>√</td><td></td></tr>
<tr><td>4</td><td colspan="2">완성된 문장으로 이야기하는가?</td><td></td><td>√</td></tr>
<tr><th colspan="3">작업표본</th><th colspan="3">사진</th></tr>
<tr><td colspan="3">○○: 제가 가져온 이야기 거리는 육식공룡입니다.
(○○이와 교사가 책을 같이 들고 교사가 글자를 읽어준다.)
* 질문내용
친구1 : 티라노사우루스가 물 속에서 헤엄치고 있니?
○○ : 모르겠어.
친구2 : 티라노사우루스 이빨 화석 나와?
○○ : (책을 찾는다) 여기 이빨!
친구3 : 티라노사우루스 앞발톱 화석 나와?
○○ : 안 나와.
친구4 : 그 책 어디에서 샀어?
○○ : 엄마가 컴퓨터로 사줬어.</td><td colspan="3"></td></tr>
<tr><td>해석</td><td colspan="5">이야기나누기 시간에 적극적으로 참여하며 다른 사람의 이야기를 잘 듣고 질문하기를 좋아한다. 질문을 했을 때 자신의 경험이나 생각을 간단하게 말할 수 있다.</td></tr>
</table>

※ 이야기나누기 내용을 기록하거나 녹음하여 전사하는 것이 도움이 됨.

2) 쓰기 : 주제 관련한 단어가지 활동

언어생활 영역 – 주제 관련한 단어가지 활동			
유아명	온○○	활동명	단어가지 만들기
평가시기	1차 : 2011년 4월 7일 2차 : 2011년 6월 29일	평가방법	작업표본분석
평가내용 및 관점	• 쓰기 – 쓰기에 관심가지기 : 자신의 생각과 느낌을 글이나 그림으로 나타내기를 즐기는가?		
1차 작업표본	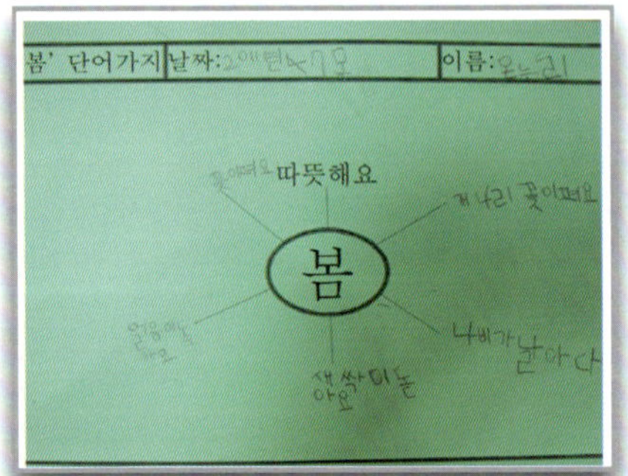		
2차 작업표본	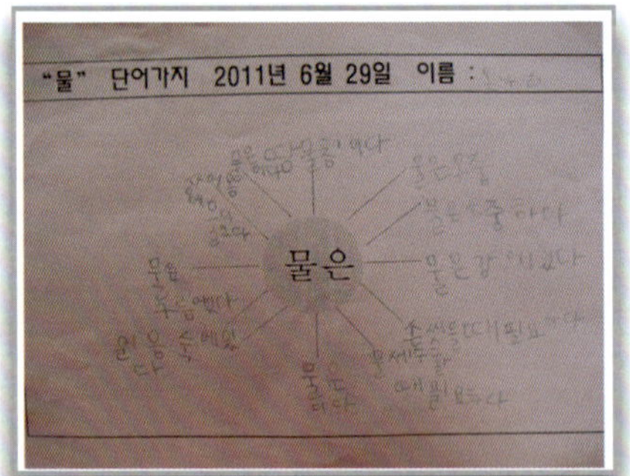		
해석	단어가지 활동에서 1차에는 자신의 생각을 글로 단순하게 표현하였다. 그러나 2차에서는 자신의 생각을 다양하게 표현할 수 있다.		

※ 선의 숫자를 동일하게 표시해주면 유아들이 정해진 선의 숫자만큼 기록하는 경향이 있음 – 견본 선 하나만 표시해 주고 유아가 필요한 숫자만큼 그어서 쓸 수 있도록 하는 것이 바람직함.

3) 쓰기 : 편지쓰기

<table>
<tr><th colspan="6">언어생활 영역 – 편지쓰기</th></tr>
<tr><td>유아명</td><td colspan="2">김○○(만 5세)</td><td>활동명</td><td colspan="2">편지쓰기</td></tr>
<tr><td>평가시기</td><td colspan="2">1차 : 2011년 5월 23일
2차 : 2011년 7월 11일</td><td>평가유형</td><td colspan="2">평정척도</td></tr>
<tr><td>평가내용 및 관점</td><td colspan="5">• 쓰기 – 쓰기에 관심가지기
– 쓰기도구 사용하기
: 자신의 생각과 느낌을 글로 옮길 수 있는가?
: 쓰기 도구의 바른 사용법에 관심을 가지는가?</td></tr>
<tr><td rowspan="9">내용</td><td colspan="3">평정척도</td><td>1차</td><td>2차</td></tr>
<tr><td>1단계</td><td colspan="2">끄적거리기 단계</td><td></td><td></td></tr>
<tr><td>2단계</td><td colspan="2">한 두 개의 자형이 우연히 나타나는 단계</td><td></td><td></td></tr>
<tr><td>3단계</td><td colspan="2">자형이 의도적으로 한 두 개 나타나는 단계</td><td></td><td></td></tr>
<tr><td>4단계</td><td colspan="2">글자의 형태가 나타나고 가끔 자·모음의 방향이 틀리거나 부분적으로 틀린 단계</td><td>√</td><td></td></tr>
<tr><td>5단계</td><td colspan="2">완전한 단어 형태가 나타나고 자·모음의 방향이 틀리거나 글자가 부분적으로 틀린 단계</td><td></td><td>√</td></tr>
<tr><td>6단계</td><td colspan="2">완전한 단어 형태가 나타나고 자·모음의 방향이 정확한 단계</td><td></td><td></td></tr>
<tr><td>7단계</td><td colspan="2">문장형태가 나타났으나 부분적으로 틀린 단계</td><td></td><td></td></tr>
<tr><td>8단계</td><td colspan="2">틀린 글자가 없이 완전한 문장의 형태가 나타나는 단계</td><td></td><td></td></tr>
<tr><td>작업표본</td><td colspan="2">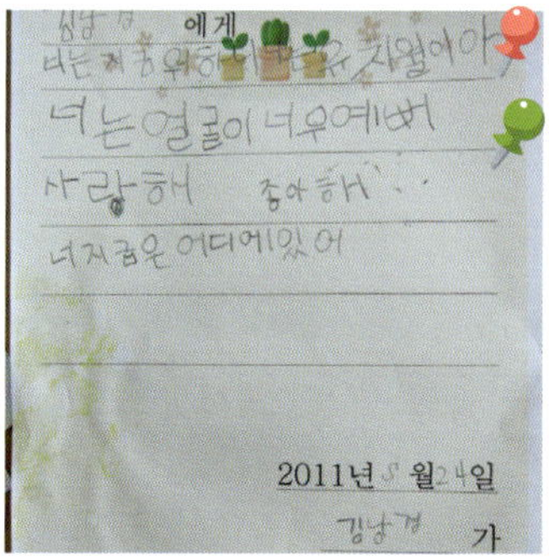</td><td colspan="3">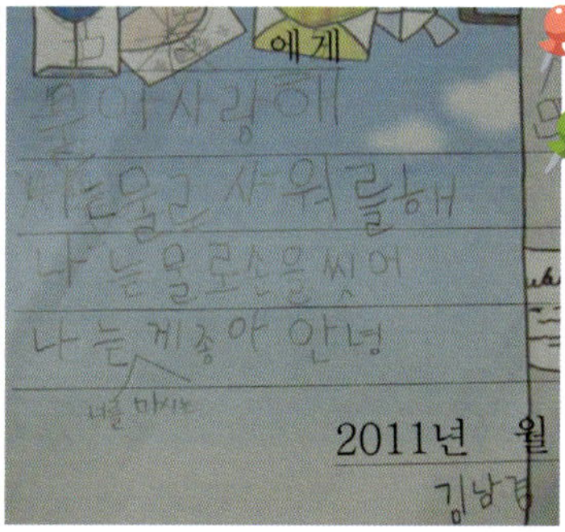</td></tr>
<tr><td>해석</td><td colspan="5">자신의 생각과 느낌을 글로 옮기는 것을 어려워한다. 1차에서는 교사가 써 준 글자를 보고 썼으나 2차에서는 완전한 단어 형태가 나타났으며 단순한 문장을 표현할 수 있다.</td></tr>
</table>

※ 유아가 직접 쓴 부분과 교사가 도움을 주어 쓴 부분을 메모해 놓아야 정확한 평가를 할 수 있음.

5. 탐구생활(자연탐구) 영역 평가의 예

1) 견학 활동

<table>
<tr><th colspan="6">탐구생활 영역 – 견학활동</th></tr>
<tr><td>유아명</td><td colspan="2">이○○(만 5세)</td><td>활동명</td><td colspan="2">보석박물관 내 화석전시관 견학</td></tr>
<tr><td>평가시기</td><td colspan="2">2011년 6월 2일</td><td>평가유형</td><td colspan="2">체크리스트 · 면담</td></tr>
<tr><td>평가내용 및 관점</td><td colspan="5">• 탐구하는 태도 기르기 – 탐구과정 즐기기
: 궁금한 점을 알 수 있는 방법을 생각하는가?</td></tr>
<tr><td rowspan="5">내용</td><td colspan="3">체크리스트</td><td>예</td><td>아니오</td></tr>
<tr><td colspan="3">1. 견학지의 시설이나 환경에 흥미를 가지고 적극적으로 탐색한다.</td><td>√</td><td></td></tr>
<tr><td colspan="3">2. 견학 내용에 대한 다양한 질문을 한다.</td><td>√</td><td></td></tr>
<tr><td colspan="3">3. 견학기록지의 항목을 이해하고 스스로 기록한다.</td><td>√</td><td></td></tr>
<tr><td colspan="3">4. 견학 후 관련 활동에 흥미를 가지고 참여한다.</td><td>√</td><td></td></tr>
<tr><td rowspan="6">면담내용</td><td colspan="2">질문</td><td colspan="3">유아의 대답</td></tr>
<tr><td colspan="2">1. 무엇이 가장 재미있었나요?</td><td colspan="3">뼈 보는 것</td></tr>
<tr><td colspan="2">2. 무엇이 가장 어려웠나요?</td><td colspan="3">없어요</td></tr>
<tr><td colspan="2">3. 무엇을 알게 되었나요?</td><td colspan="3">공룡이빨</td></tr>
<tr><td colspan="2">4. 무엇을 더 알고 싶나요?</td><td colspan="3">없어요</td></tr>
<tr><td colspan="2">5. 다음에 견학가고 싶은 곳은 어디인가요?</td><td colspan="3">없어요</td></tr>
<tr><td>사진</td><td colspan="5"></td></tr>
<tr><td>해석</td><td colspan="5">공룡을 관찰하는 활동에 매우 흥미가 있고 적극적으로 활동한다.
견학기록지에 제시되어있는 내용(공룡이름, 해룡, 어룡, 익룡, 공룡뼈 그리기)을 이해하고 관련내용을 조사하여 기록할 수 있다.</td></tr>
</table>

2) 주제에 대한 유아의 생각모으기

<table>
<tr><th colspan="5">탐구생활 영역 – 주제에 대한 생각모으기</th></tr>
<tr><td>유아명</td><td>김○○(5세)</td><td colspan="2">활동명</td><td>공룡에 대한 생각모으기</td></tr>
<tr><td>평가시기</td><td>1차 : 2011년 5월 30일
2차 : 2011년 6월 15일</td><td colspan="2">평가유형</td><td>작업표본분석</td></tr>
<tr><td>평가내용
및 관점</td><td colspan="4">• 탐구하는 태도 기르기 – 사물과 현상에 지속적인 관심가지기
: 공룡에 대한 자신의 생각을 표현할 수 있는가?</td></tr>
<tr><td rowspan="2">작업표본</td><td colspan="2">1차</td><td colspan="2">2차</td></tr>
<tr><td colspan="2">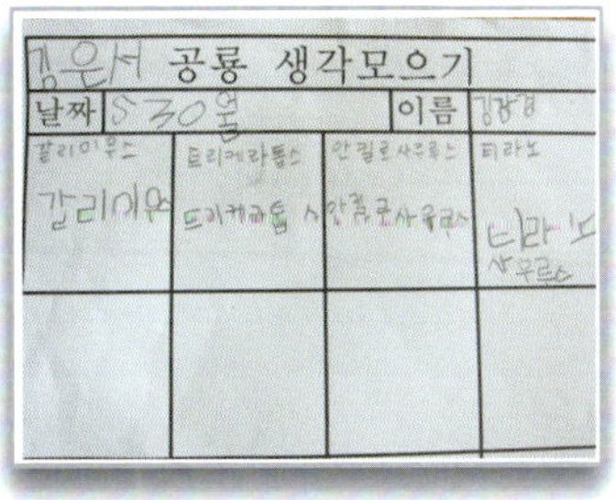</td><td colspan="2">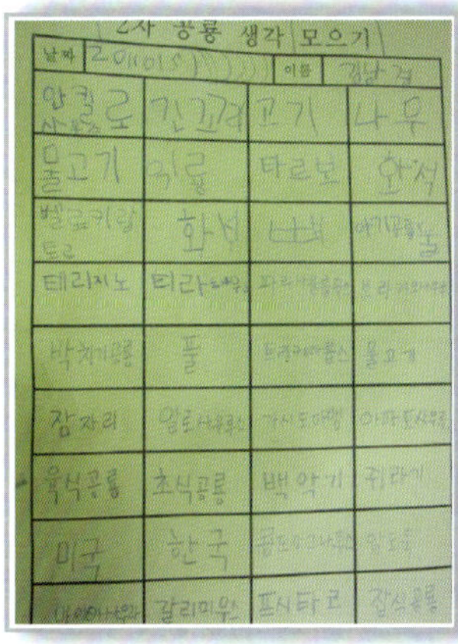</td></tr>
<tr><td>해석</td><td colspan="4">공룡에 대한 생각모으기에서 1차에서는 공룡의 이름과 먹이에 대해 주로 표현하였으나 2차에서는 공룡의 식성, 공룡이 살았던 시대, 특징들에 대해서 다양하게 표현할 수 있다.</td></tr>
</table>

3) 수학활동 : 더하기

<table>
<tr><th colspan="4">탐구생활 영역 – 더하기</th></tr>
<tr><td>유아명</td><td>김○○(만 5세)</td><td>활동명</td><td>'10만들기' 활동</td></tr>
<tr><td>평가시기</td><td>1차 : 2011년 5월 26일
2차 : 2011년 6월 29일</td><td>평가유형</td><td>작업표본분석</td></tr>
<tr><td>평가내용
및 관점</td><td colspan="3">• 수학적 기초 능력 기르기 – 수감각 기르기
: 구체물을 가지고 더할 수 있는가?</td></tr>
<tr><th colspan="2">작업표본</th><th colspan="2">사진</th></tr>
<tr><td rowspan="4">1차</td><td>9+1=10</td><td colspan="2" rowspan="4"></td></tr>
<tr><td>6+4=10</td></tr>
<tr><td>7+3=10</td></tr>
<tr><td>6+4=10</td></tr>
<tr><td rowspan="4">2차</td><td>8+2=10</td><td colspan="2" rowspan="4">〈게임방법〉
①  (숫자카드)를 뒤집어 놓고 5장씩 가져간다.
② 가위바위보를 하여 순서를 정한다.
③ 숫자카드 두 장의 수를 합해서 10이 되면 (도넛 조각그림)을 1개 가져온다.
④ 10이 만들어지지 않으면 바닥에 있는 숫자카드를 1장 가져온다.
⑤ 도넛가게에 있는 도넛 조각그림이 모두 없어지면 놀이가 끝난다.</td></tr>
<tr><td>6+4=10</td></tr>
<tr><td>8+2=10</td></tr>
<tr><td>8+2=10</td></tr>
<tr><td>해석</td><td colspan="3">'10만들기' 게임에서 도넛 숫자를 활용하여 더하기를 할 수 있다. 1, 2차에서 교사의 도움을 받아 펼쳐진 카드에서 '10'을 만들 수 있는 숫자카드를 찾을 수 있다.</td></tr>
</table>

4) 수학활동 : 패턴 구성하기

<table>
<tr><th colspan="7">탐구생활 영역 – 패턴 구성하기</th></tr>
<tr><td>유아명</td><td colspan="2">김○○(만 5세)</td><td>활동명</td><td colspan="3">패턴 구성하기</td></tr>
<tr><td>평가시기</td><td colspan="2">1차 : 2011년 9월 29일
2차 : 2012년 1월 30일</td><td>평가유형</td><td colspan="3">체크리스트, 작업표본분석</td></tr>
<tr><td>평가내용 및 관점</td><td colspan="6">• 수학적 기초 능력 기르기 – 규칙성 이해하기
: 패턴을 인식하는가?
: 제시된 패턴을 인식하고 따라할 수 있는가?
: 스스로 패턴을 구성하고 말할 수 있는가?</td></tr>
<tr><td rowspan="7">내용</td><td colspan="2" rowspan="2">체크리스트</td><td colspan="2">1차</td><td colspan="2">2차</td></tr>
<tr><td>예</td><td>아니오</td><td>예</td><td>아니오</td></tr>
<tr><td>1</td><td>제시된 패턴을 보고 그대로 복사할 수 있는가?</td><td>✓</td><td></td><td>✓</td><td></td></tr>
<tr><td>2</td><td>제시된 패턴을 보고 다음을 예측하거나 빠진 부분을 알 수 있는가?</td><td>✓</td><td></td><td>✓</td><td></td></tr>
<tr><td>3</td><td>스스로 단순 패턴을 구성할 수 있는가?</td><td>✓</td><td></td><td>✓</td><td></td></tr>
<tr><td>4</td><td>스스로 복합 패턴을 구성할 수 있는가?</td><td></td><td>✓</td><td>✓</td><td></td></tr>
<tr><td>5</td><td>스스로 구성한 패턴의 규칙을 말할 수 있는가?</td><td>✓</td><td></td><td>✓</td><td></td></tr>
<tr><td rowspan="2">작업표본</td><td colspan="3">1차 패턴</td><td colspan="3">2차 패턴</td></tr>
<tr><td colspan="3">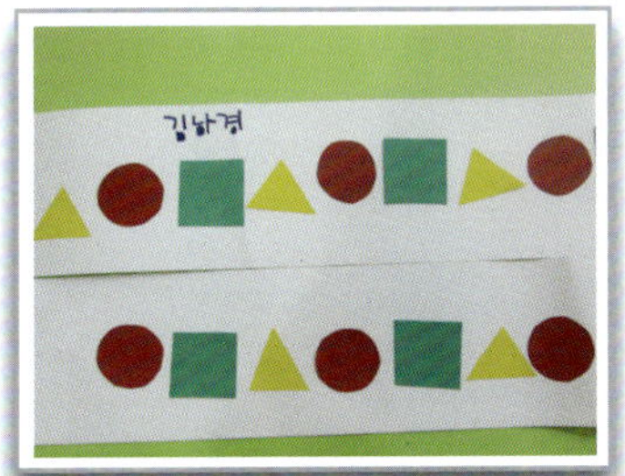</td><td colspan="3"></td></tr>
<tr><td>해석</td><td colspan="6">1차에서는 패턴을 인식하고 단순패턴만 구성할 수 있었으나 2차에서는 복합패턴을 구성할 수 있었으며, 구성한 패턴의 규칙을 모양과 색깔의 2가지 요소로 말할 수 있다.</td></tr>
</table>

출처 : 차현화 · 홍혜경(2005)

유아 평가 바로 알기

부록

〈소아 발육 표준치: 체중, 신장, 체질량지수〉

남아				연령	여아			
체중(kg)	신장(cm)	체질량지수 (kg/m²)	머리둘레 (cm)		체중(kg)	신장(cm)	체질량지수 (kg/m²)	머리둘레 (cm)
3.41	50.12		34.70	출생시	3.29	49.35		34.05
5.68	57.70		38.30	1~2개월	5.37	56.65		37.52
6.45	60.90		39.85	2~3개월	6.08	59.76		39.02
7.04	63.47		41.05	3~4개월	6.64	62.28		40.18
7.54	65.65		42.02	4~5개월	7.10	64.42		41.12
7.97	67.56		42.83	5~6개월	7.51	66.31		41.90
8.36	69.27		43.51	6~7개월	7.88	68.01		42.57
8.71	70.83		44.11	7~8개월	8.21	69.56		43.15
9.04	72.26		44.63	8~9개월	8.52	70.99		43.66
9.34	73.60		45.09	9~10개월	8.81	72.33		44.12
9.63	74.85		45.51	10~11개월	9.09	73.58		44.53
9.90	76.03		45.88	11~12개월	9.35	74.76		44.89
10.41	78.22		46.53	12~15개월	9.84	76.96		45.54
11.10	81.15		47.32	15~18개월	10.51	79.91		46.32
11.74	83.77		47.94	18~21개월	11.13	82.55		46.95
12.33	86.15		48.45	21~24개월	11.70	84.97		47.46
13.14	89.38	16.71	49.06	2~2.5세	12.50	88.21	16.34	48.08
14.04	93.13	16.29	49.66	2.5~3세	13.42	91.93	16.01	48.71
14.92	96.70	15.97	50.10	3~3.5세	14.32	95.56	15.76	49.18
15.91	100.30	15.75	50.43	3.5~4세	15.28	99.20	15.59	49.54
16.97	103.80	15.63	50.68	4~4.5세	16.30	102.73	15.48	49.82
18.07	107.20	15.59	50.86	4.5~5세	17.35	106.14	15.43	50.04
19.22	110.47	15.63	51.00	5~5.5세	18.44	109.40	15.44	50.21
20.39	113.62	15.72	51.10	5.5~6세	19.57	112.51	15.50	50.34
21.60	116.64	15.87	51.17	6~6.5세	20.73	115.47	15.61	50.44
22.85	119.54	16.06	51.21	6.5~7세	21.95	118.31	15.75	50.51
24.84	123.71	16.41		7~8세	23.92	122.39	16.04	
27.81	129.05	16.97		8~9세	26.93	127.76	16.51	
31.32	[illegible]	17.58		9~10세	30.52	133.49	[illegible]	
				10~11세	34.69			
				11~12세	[illegible]			

* 출처 : 질병관리본부 · 대한소아과학회(2007)의 소아 · 청소년 표준성장도표

〈연령 및 성별 기초체력평가 평정척도〉

평가항목	측정	만 3세 기초체력 평정척도 (남)				
		1단계	2단계	3단계	4단계	5단계
몸 지탱하기	초	7 이하	8~28	29~63	64~97	98 이상
25m 달리기	초	9.4 이상	9.3~8.5	8.4~7.5	7.4~6.6	6.5 이하
앉아서 몸 앞으로 굽히기	cm	-1 이하	0~4	5~9	10~15	16 이상
평균대 위에서 외발서기	초	1.4 이하	1.5~2.9	3.0~6.5	6.4~9.7	9.8 이상
모둠발 뛰어넘기	초	9.6 이상	9.5~7.8	7.7~5.9	5.8~4.5	4.4 이하
제자리 멀리뛰기	cm	53 이하	54~68	69~86	87~101	102 이상

평가항목	측정	만 3세 기초체력 평정척도 (여)				
		1단계	2단계	3단계	4단계	5단계
몸 지탱하기	초	7이하	8~27	28 ~ 67	68 ~ 106	107 이상
25m 달리기	초	8.9이상	8.8~8.0	7.9 ~ 7.1	7.0 ~ 6.3	6.2 이하
앉아서 몸 앞으로 굽히기	cm	-2이하	-1 ~ 2	3 ~ 9	10 ~ 14	15 이상
평균대 위에서 외발서기	초	1.0이하	1.1~2.5	2.6~5.4	5.5 ~ 8.0	8.1 이상
모둠발 뛰어넘기	초	8.6이상	8.5~7.8	7.7~6.9	6.8 ~ 6.1	6.0 이하
제자리 멀리뛰기	cm	59이하	60 ~ 77	78 ~ 96	97 ~ 114	115 이상

평가항목	측정	만 4세 기초체력 평정척도 (남)				
		1단계	2단계	3단계	4단계	5단계
몸 지탱하기	초	14 이하	15~55	56~105	106~154	155 이상
25m 달리기	초	7.8 이상	7.7~7.2	7.1~6.4	6.3~5.8	5.7 이하
앉아서 몸 앞으로 굽히기	cm	-4 이하	-3~1	2~8	9~13	14 이상
평균대 위에서 외발서기	초	1.9 이하	2.0~3.3	3.4~7.6	7.7~11.8	11.9이상
모둠발 뛰어넘기	초	8.0 이상	7.9~7.1	7.0~5.1	5.0~4.0	3.9 이하
제자리 멀리뛰기	cm	78 이하	79~95	96~112	113~129	130 이상

평가항목	측정	만 4세 기초체력 평정척도 (여)				
		1단계	2단계	3단계	4단계	5단계
몸 지탱하기	초	14 이하	15~47	48~93	94~138	139 이상
25m 달리기	초	8.3 이상	8.2~7.6	7.5~6.7	6.6~6.0	5.9 이하
앉아서 몸 앞으로 굽히기	cm	-2 이하	-1~4	5~9	10~14	15 이상
평균대 위에서 외발서기	초	2.4 이하	2.5~3.8	3.9~8.4	8.5~12.9	13 이상
모둠발 뛰어넘기	초	7.9 이상	7.8~6.7	6.6~5.2	5.1~4.0	3.9 이하
제자리 멀리뛰기	cm	68 이하	69~84	85~100	101~116	117 이상

평가항목	측정	만 5세 기초체력 평정척도 (남)				
		1단계	2단계	3단계	4단계	5단계
몸 지탱하기	초	29 이하	30~67	68~130	131~193	194 이상
25m 달리기	초	7.4 이상	7.3~6.7	6.6~6.0	5.9~5.3	5.2 이하
앉아서 몸 앞으로 굽히기	cm	-2 미만	-2 ~ 2	3~8	9~13	14 이상
평균대 위에서 외발서기	초	10 이하	11~25	26~40	41~55	56 이상
모둠발 뛰어넘기	초	7.0 이상	6.9~5.9	5.8~ 4.9	4.8~3.7	3.6 이하
제자리 멀리뛰기	cm	84 이하	85~104	105~126	127~146	147 이상

평가항목	측정	만 5세 기초체력 평정척도 (여)				
		1단계	2단계	3단계	4단계	5단계
몸 지탱하기	초	29 이하	30~61	62~118	119~175	176 이상
25m 달리기	초	7.8 이상	7.7~7.1	7.0~6.4	6.3~5.7	5.6 이하
앉아서 몸 앞으로 굽히기	cm	0 미만	0~4	5~10	11~15	16 이상
평균대 위에서 외발서기	초	15 이하	16~30	30~45	45~60	61 이상
모둠발 뛰어넘기	초	7.2 이상	7.1~6.0	5.9~4.9	4.8~3.8	3.7 이하
제자리 멀리뛰기	cm	77 이하	78~93	94~110	111~126	127 이상

출처 : 류진희 외(2001)

참고 문헌

교육과학기술부(2009). 유치원 교육과정 해설 III. 교육과학기술부.

__________(2009). 유치원 지도서 1 총론. 교육과학기술부.

김은심(2004). 유아 동작교육의 이론과 실제. 창지사.

류진희 외(2001). 유아의 발달에 적합한 신체활동. 양서원.

질병관리본부, 대한소아과학회, 소아 · 청소년 신체발육표준치 제정위원회(2007). 소아 · 청소년 표준 성장도표. 보건복지부.

이기숙 외(2012). 영유아교육과정 제2판. 공동체.

차현화, 홍혜경(2005). 유아의 대수적 사고능력의 발달에 대한 고찰. 한국유아교육학회 정기학술대회 자료집.

최일선, 조운주(2010). 유아교육 평가의 이론과 실제. 창지사.

허윤선(2006). 유아의 놀이성과 유치원 적응과의 관계. 한국교원대학교 대학원 석사학위논문.

황해익 외(2003). 유아교육기관에서의 포트폴리오 평가. 창지사.

황해익 외(2009). 2007 개정 유치원 교육과정에 따른 유아 포트폴리오 평가. 창지사

〈평가 자료 제공〉

원광대학교 사범대학 부속유치원

저자 소개

심성경 : 현 원광대학교 사범대학 유아교육과 교수
전 한국유아교육학회 전북지회 초대회장
전 원광대학교 사범대학 부속유치원장
함은숙 : 원광대학교 사범대학 부속유치원 주임교사
원광대학교 사범대학 유아교육과 겸임교수
변길희 : 전북과학대학교 유아교육과 교수
박수경 : 원광대학교 사범대학 유아교육과 조교수

어린이교육의 기본 바로 알기 시리즈 ③

유아 평가 바로 알기

초판 1쇄 발행 2012년 6월 29일
초판 3쇄 발행 2017년 1월 20일

지은이 | 심성경 · 함은숙 · 변길희 · 박수경
펴낸이 | 김기섭
편집인 | 엄지연
펴낸곳 | 창지사 www.changjisa.com
08589 서울시 금천구 가산디지털 1로 83 파트너스타워1차 9층
전화 (02) 719-2211~3
팩스 (02) 701-9386
등 록 | 1977년 4월 28일 · 제1-421호

ISBN 978-89-426-0662-7 (93370)

값 6,000원